U0449727

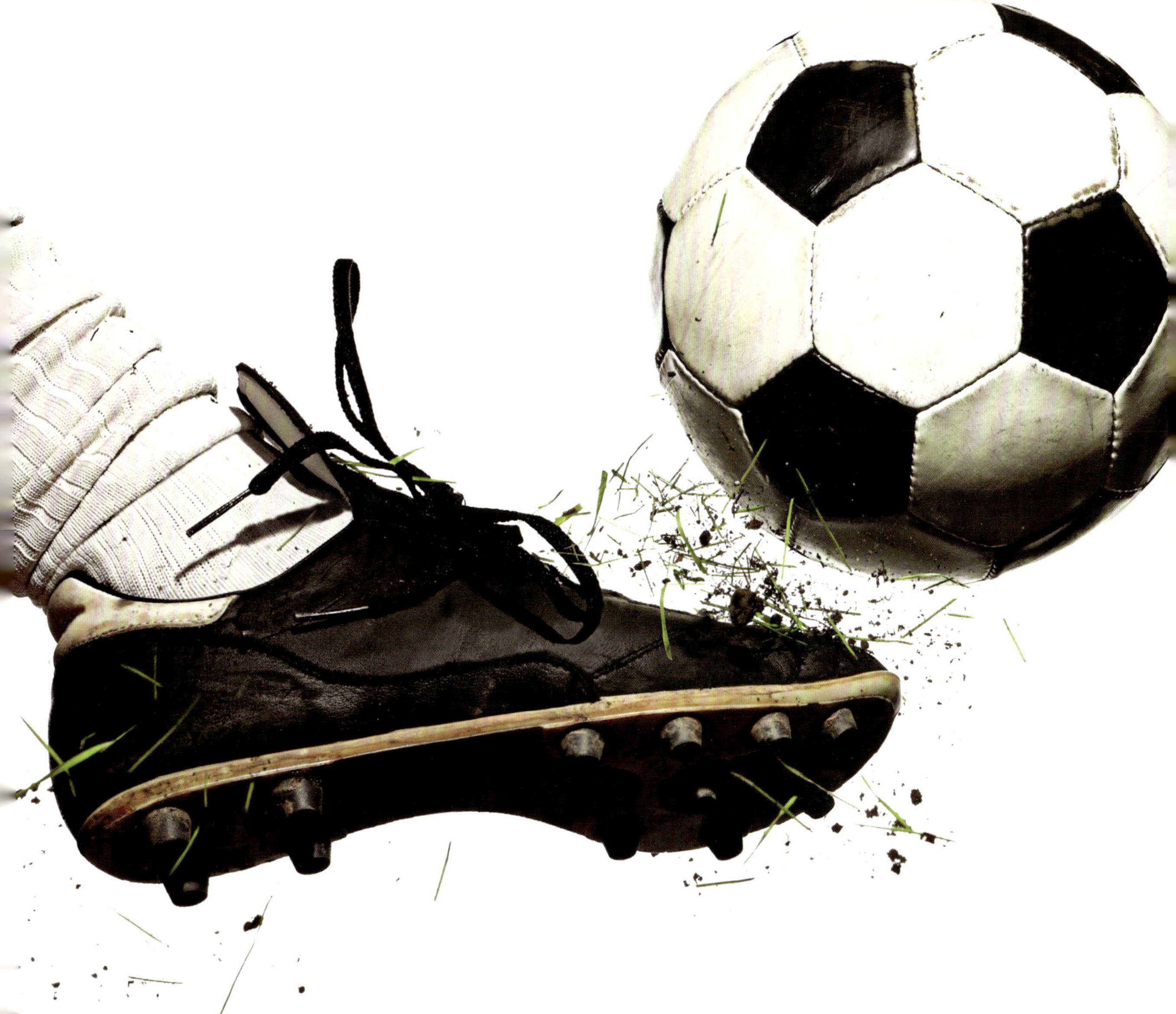

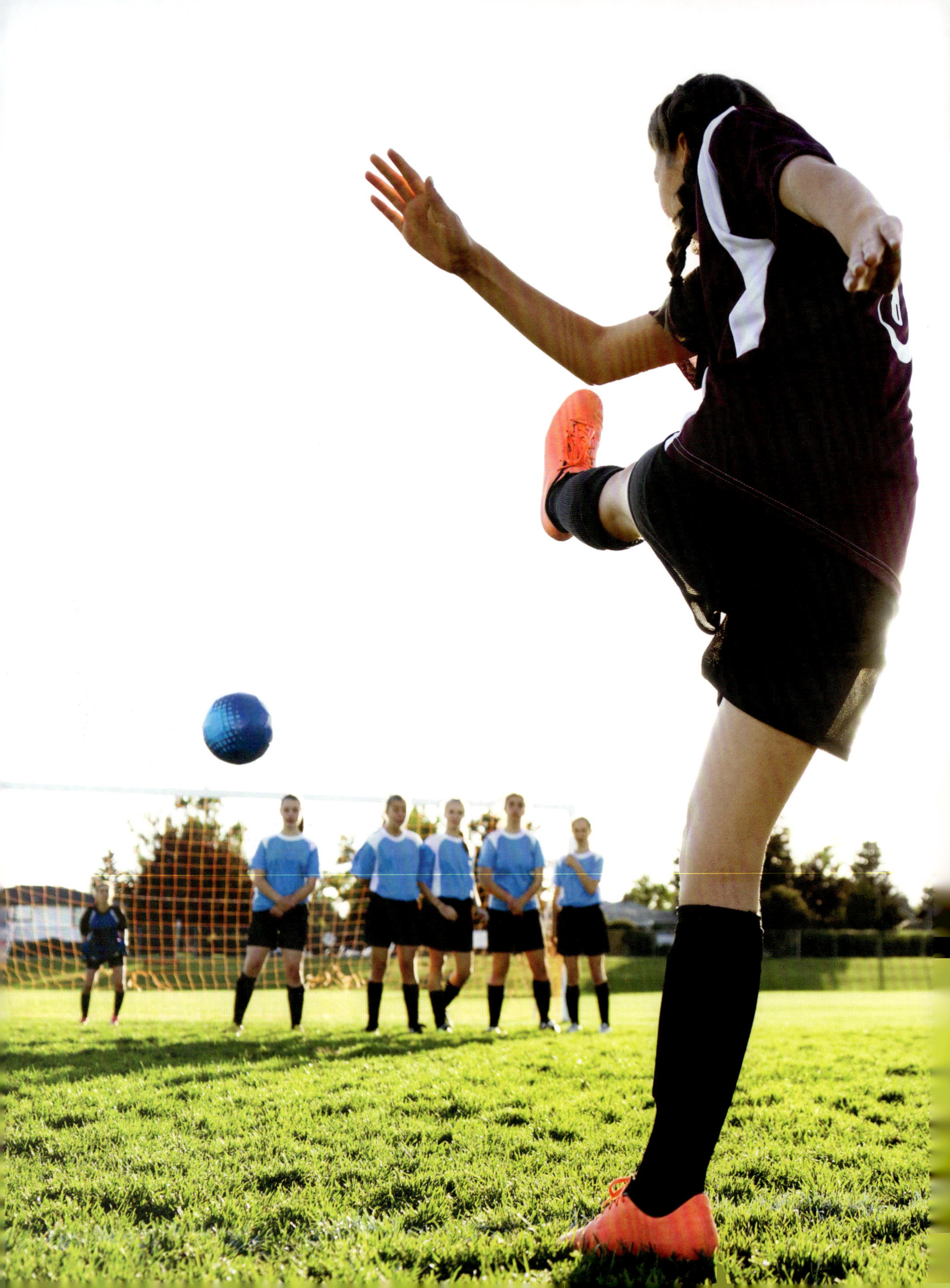

NATIONAL GEOGRAPHIC KiDS

美国国家地理

超级专家
足球

关于足球的最新资讯

［加］埃里克·茨威格
［美］马克·盖格 著
郑玉英 译

中国纺织出版社有限公司

目　录

前言..................................7

第一章
足球知识入门　9

专家寄语..................................10
规则的改变..................................15
足球术语..................................16
历史演变..................................19
确定规则..................................22
队形部署..................................26
黄牌和红牌..................................28
趣味知识..................................30

第二章
足球的起源　33

专家寄语..................................34
中国蹴鞠..................................36
古埃及的足球运动..................................38
古希腊和古罗马..................................38
世界上最早的足球..................................40
中世纪的英国足球..................................42
暴徒足球..................................44
足球运动的雏形..................................46
另一类"足球"..................................48
趣味知识..................................52

第三章
世界各地的足球　55

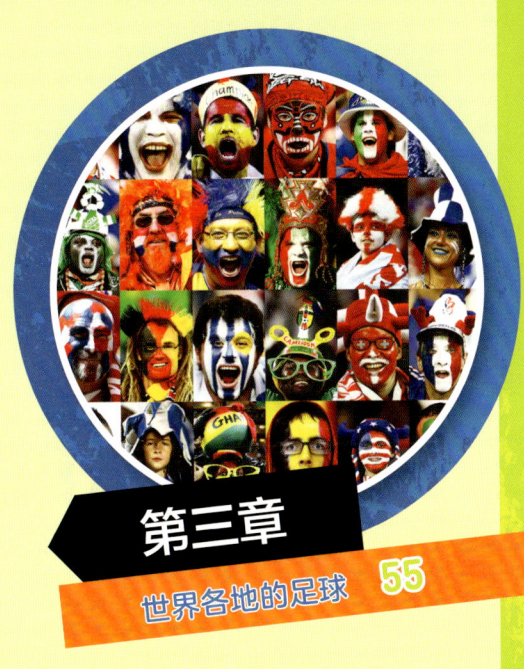

专家寄语	56
大不列颠的统治	58
足球是如何传播的	60
数字世界杯	66
世界杯风靡世界	69
第一届世界杯	70
世界杯的现行机制	74
世界杯六大赛区	76
趣味知识	78

第四章
北美的足球　81

专家寄语	82
美国职业足球大联盟	84
美国职业足球大联盟球队分布图	88
大卫·贝克汉姆和美国职业足球大联盟	93
早期的美国足球联盟	96
女足历史	100
美国女足	102
趣味知识	106
拓展阅读	108
引用文献	109
图片出处	110

头号球迷！

#1

5

马克·盖格

前 言

一直以来，体育都是人类社会中重要的组成部分，不管大人还是小孩，都渴望穿上运动服到球场上一较高下。以足球为例，有些俱乐部已经成立100多年了，球迷对俱乐部的忠诚度甚至比对国家队还要高。效力于俱乐部或者国家队是许多运动员的梦想，但这又绝非易事。因为一旦入选后，他们虽享受着荣誉，但也肩负着巨大的责任，也就是说你要对球队和球迷负责。球场失利，球迷和球员一样，会难过、痛苦；球队获胜，所有的人，包括球员和球迷，都会沉浸在胜利的喜悦中。

我是马克·盖格，虽然我不是专业足球运动员，但在每场比赛中，我都能站在最好的位置"观看"比赛。你猜得没错，我是一名裁判员。从2004年开始，我就一直在美国职业足球大联盟中担任裁判；2008年以后，我曾有幸代表美国出席国际赛事；2012年，我担任了伦敦奥运会足球赛事的裁判；2014年，我的梦想终于得以实现——成为巴西世界杯的裁判。

比赛时，球员们会面临诸多压力，球迷们的殷切希望、对胜利的渴望以及在关键时刻的救场，作为裁判，球员们的这些紧张状态我们是无法感同身受的，但我们裁判也有自己的压力。球员和教练都会犯错，因为每次传球并不见得都能成功，而每次射门也不一定能进球。但裁判却是赛场上唯一一个不容许犯错的人。无论是宣判犯规要求判罚点球、越位举旗阻止进球，还是红牌罚下球员，裁判每下一个决定都要非常慎重。这在大型比赛中更不容易，因为伴随着现场有8万多名观众的呐喊及各种噪声，裁判还是必须要在一秒之内做出判罚。同时，还有几百万双眼睛通过电视直播和电视台多种不同的拍摄角度盯着你。这种压力和球员所承受的是不同的，却也是极大的重压！而做世界杯这样的顶级赛事对裁判更是一大挑战，但也是我一直追求的梦想。

在大舞台上竞技，对于裁判和球员来说都只是一小部分幸运儿的殊荣。我非常幸运能够在许多充满传奇的体育场上担任裁判，例如，伦敦奥运会期间的温布利球场、老特拉福德球场和巴西世界杯期间的马拉卡纳球场。伴随着国际足联公平竞赛曲走入赛场是一种难以言喻的感觉。当我第一次进入国际A级大赛的赛场、看到观众席上挥舞着的有两支球队代表色的旗帜、听到全场粉丝震耳欲聋的欢呼声时，我沉浸其中，无法言语。我知道我所做的每一个决定都可能对比赛结果有着巨大的影响，甚至会影响比赛的走向。这虽然不容易，却将会是我永远珍藏的经历。正如我所说的，在世界上最好的体育场上、在最佳的位置观看世界一流球员的比赛，就足以令我兴奋不已！因此，在这本书中，我将和大家一起分享足球——世界上最受欢迎的运动的相关知识。

——马克·盖格

赛场上的裁判马克·盖格。

两个亚洲男孩儿在踢足球。

第一章

足球知识入门

专家寄语

如何成为伟大的球员

职业足球运动员深受球迷的喜爱，这些运动员被球迷视为偶像和楷模。在学校、小镇的街道、公园和球场上，你都能看到一些自豪地穿着偶像球衣的人们。在成长过程中，孩子们会以自己心目中的英雄为目标，模仿他们的行为举止。

马克·盖格

那么，怎样才能在运动项目中达到最高水平呢？年轻球员需要做什么来帮助自己达到最佳状态？很简单，就像我们在生活中做的任何事情一样，你必须不断地练习。如果你想成为更好的读者，那你就多读书；如果你想成为更厉害的钢琴家，那你就埋头苦练，每天练习不同难度的曲目。同样的道理，如果想成为顶级足球运动员，那就多多练习你的球技！

世界上大多数伟大的运动员在非常小的时候就开始练习体育项目。为了变得更加出色，他们勤勉努力，经过多年的勤奋和苦练才能踏入顶尖运动员的行列。事实上，不管想要成为哪一领域的专家，你都必须要为它花上超过10000个小时，这足以说明你需要多多的练习！

出色的球员和伟大的球员只有一线之隔。球员凭借着出色的个人技巧被誉为行业的佼佼者。第一次接触足球，他们就能很好地带球并在停球时控制好球。他们还能在盘球时保持球不离身，目视前方，改变前进路线"欺骗"对手然后运球过人。这些技巧你都可以练习，甚至可以独自练习。你所需要的就是一个足球而已。第一次踢球，你就希望能表现得和罗纳尔多一样好吗？当然不可能！所以这就是你需要练习的原因。只有不断地尝试，你才能逐渐地完全掌握所有的技巧。你越是以一名伟大球员的标准训练自己，就越能成为球队的核心，进而带领你的球队表现得更棒。

天赋是一大助力，但最后你肯定会发现：更多的训练才能成就更高的天分！只要可以成为最好的球员，你就没有理由放弃。现在，拿起球去后院或者公园里，开始练习吧！在墙上画出一个特定的点，试着把球射向那里。当球反弹回来的时候，你要接住并控制它。一边运球，一边抬起头观察周围的环境。回想一下你最喜欢的球员的经典动作，然后模仿着练习。只要你付诸行动，谁知道何时就会派上用场呢？也许有一天，你就是每个年轻球员球衣背面上的那个偶像！作为一名职业裁判，这种传奇我见过无数次。能在这本书中和你们分享我的一些经历，我倍感荣幸。

天赋是一大助力，但最后你肯定会发现：**更多的训练才能成就更高的天分！**

女孩儿们在踢足球。

非洲东海岸塞内加尔拉索曼街的沙地上，男孩儿们在踢足球。

11

历史上绝大部分时间，足球是没有设定规则的。有时候，这项运动仅仅只是和我们现在的足球类似而已。

球越来越受欢迎，就产生了一个问题。尤其是不同公学（性质为私立高中）的毕业生上大学后想踢球了，他们应该遵守哪种规则呢？很显然，每个人都希望能使用自己熟悉的规则。一位剑桥大学的学生回忆起1839年的一场足球赛时说道："当时球场上毫无章法，每个人都用自己高中的打法，我还记得伊顿公学的学生大吼拉格比公学的学生，因为他用手碰球了。"

因此，1848年，剑桥大学组成委员会制定了自己的规则。遗憾的是，关于这些规则的文字记载并没有保存下来。不过，人们在剑桥大学的图书馆发现了1856年的剑桥足球规则，上面一共有11条，不过这里所记载的运动和我们今天的足球运动仍有很大的差异，它更像是橄榄球和足球的结合体。球员虽然不能从地上捡球，但是可以截住别人踢到空中的球。

那么，足球是怎么从单纯的踢球发展成为今天我们熟悉且热爱的、有着完善规则的运动呢？一言概之：非朝夕可改。

17世纪、18世纪以及19世纪早期，英国每个学校的球队都有自己的规则。但随着足

一位教练在指导球队。

1872年，人们在足球竞赛规则中加入了角球。

而且，跟着球跑动是犯规的，球员只能去抓被踢开的球。球出界后，球员可以从边线上把球扔进场内。但是在比赛时，直接把球传给场上距离自己较远的球员却是犯规的。在防守或者企图抢球时，球员也不可以扭抱、推倒或者绊倒对手。

剑桥人非常满意自己的新规则，但是他们并没有推广开来。那时候，全英国的公学学生仍按照自己高中学校的规则来踢球。1861年，英国杂志《田野》（The Field，现在仍在出版）刊登的一篇文章讨论了这种情况所带来的问题。作者问道："如果来自不同高中的年轻人在圣诞节提议踢足球会发生什么呢？"接着，他讲述了关于使用哪种规则而引发的大讨论。最后，他还得出结论，"要展开这场足球赛是根本不可能的。"

当然，这个问题并不仅仅只存在于学校的足球运动中。当时，英国不同的群体也设

现代橄榄球起源于足球，图中为爱尔兰队对阵加拿大队。

足球名字的由来

1871年，英格兰橄榄球联盟成立，自此，英国有两大足球官方组织。为了更好地区分二者，人们开始把英格兰橄榄球称为"英式橄榄球（rugger）"。足协举办的足球比赛称为"英式足球（soccer）"，其英文名称取自英文中表示"联合"的单词association中的三个字母"s-o-c"。在英国，英式橄榄球简称橄榄球，英国足球简称足球。但在北美地区，橄榄球已经演变为我们今天所说的美式橄榄球，而足球保持不变。

13

立了自己足球俱乐部，方便比赛和训练，但他们也不知道该使用哪种规则。埃比尼泽·科布·莫利在英国伦敦的一家律师所担任律师，居住在伦敦的郊区巴恩斯。他没有上过公学，但是他很聪明。同时，他也是一名足球运动员，还是巴恩斯足球俱乐部的队长。莫利是一个喜欢解决问题的人，所以1863年10月26日，他在在伦敦组织了一场会议。

当时，伦敦的11个足球俱乐部都派代表参加了莫利举办的会议，莫利也邀请了许多公学，但是只有一所学校派人参加了。这个组织决定取名为足球协会，他们召开了多场会议理顺所有事务。终于在1863年11月8日，足球协会一致通过由埃比尼泽·科布·莫利撰写的一系列新规则。这就是著名的《足球竞赛规则》。

足球协会，简称足协，掌控了英国的足球领域，但是他们一开始并不顺利。和几年前的剑桥规则一样，莫利起草的《足球竞赛规则》实际上提出了一套把英式橄榄球和足球结合的体育运动规则。很显然，效果并不显著，而且橄榄球队也不满意。因而，英国部分北部地区的足球俱乐部仍然坚持遵循自己原先的谢菲尔德规则。甚至很多伦敦的足球队也无视足协的新规，继续沿用自己的规则。

最早记载足球规则的书。

按规则比赛

马克·盖格

尽管现在每个国家、每支球队都遵循统一的规则比赛，但是他们的风格都各具特色。只需要打开电视观看不同国家的比赛，你就能发现不同地区、不同队伍之间的区别。一些队伍非常讲究战术和工于心计；一些则非常直接坦率；而有的队伍极其勇猛；还有的队伍则侧重快速带球绕过对手，避免接触；有的队伍喜欢主动出击；有的偏向拖延防守。

国际足联最重要的工作之一就是帮助训练来自世界各国的裁判，以确保即使各个球队风格迥异，但他们都使用和执行统一的《足球竞赛规则》。因此，无论参赛球队来自哪个国家，他们都知道应该遵守哪些规则，避免犯规。

中国青少年锦标赛前，一位裁判在训练裁判团队。

直到19世纪70年代早期，足协才真正做出了成绩。最大的原因可能是英格兰足总杯的创立，这个全国冠军赛开始于1871—1872年赛季，并延续至今。但是如果没有足协在1866年的关键性举措，足总杯也无法发挥作用。1866年，足协意识到新的规则不可能令所有人都满意，于是他们决定对《足球竞赛规则》进行修改。允许球员向前方的队友传球；在球门的顶端加上横梁，球员把球射进横梁和两个门柱围成的范围就算得分。（据说早期的横梁是由胶带搭成的！直到1875年左右才出现长期使用的横梁。）同时，用手抓球被视为犯规。1870年之后，球员甚至不能用手击球，只能用头，这和谢菲尔德的规则一样。

毫无悬念，英式橄榄球球员非常不满足球规则的变化。1871年，21个橄榄球俱乐部共同举行会议，宣布成立橄榄球联盟。自此，足球成为单独的一项体育运动。

规则的改变

但是时代在变化，足球的规则也与时俱进。自从19世纪足协改变了埃比尼泽·科布·莫利的《足球竞赛规则》之后，这套规则不断地经历了增补和修改。那么，是谁创造了新的规则，或者说改变了这套已有的规则呢？足球协会在足球界仍有着举足轻重的地位。而且，早期所有的英国足球协会都有很大的话语权。

自1886年以来，来自英格兰协会、北爱尔兰协会、苏格兰协会和威尔士协会的足球代表组成了国际足球协会理事会（IFAB）来

南非约翰内斯堡，球迷在欢呼。

支持你的球队

所有的体育粉丝都有点疯狂。 在英文里，"fan（粉丝）"是"fanatic（狂热者）"的缩写，而狂热者就是指一个人对某件事物有着强烈的兴趣和热情。不过，足球球迷似乎比其他体育项目的球迷更加热情！在一些城市，球迷会一路游行到体育场，全世界的球迷都会穿上自己喜欢球队的代表颜色；球队的头巾特别受球迷欢迎；足球球迷也特别爱唱歌！和许多比赛一样，这个传统起源于英国，比赛时，整个体育场的球迷会一起高声歌唱。有时候，他们会唱别人的歌，有时候会唱他们专门为球队写的歌。很多球迷都会在比赛期间击鼓呐喊，但这些声音一点儿也不像从呜呜兹啦（注：呜呜兹啦为南非球迷用于助威的大喇叭。）那样的塑料喇叭发出来的声音。2010年南非世界杯期间，整个体育场的球迷吹着呜呜兹啦的声音此起彼伏，甚至电视机前的观众都不能正常观看比赛。正是由于呜呜兹啦太过吵闹，现在世界上很多体育场都禁止球迷在现场吹奏了。

马克·盖格

15

足球术语

每项运动都有术语，足球也不例外，一起来解读这些术语吧！

进攻球员： 带球的球员。

倒挂金钩： 当球高过头顶，球员向后踢球的动作。通常球员要跳起来做后空翻，脚向上勾起。

边线： 球门一侧的线叫底线，两侧的线叫边线。

禁区： 罚球区的另一种叫法。

单刀突破： 进攻球员带球甩开对方防守球员，只身来到球门前。

球帽： 球员每代表国家队参加一场比赛就意味着赢得一顶帽子。现在，英国国家队的球员仍会获得一顶真正的帽子。

警告： 当球员收到黄牌，就意味着收到警告。

解围： 将球踢出本方球门附近，阻止对手射门。

假摔： 一方球员假装摔倒，夸大和对手碰触的伤害来赢得裁判判罚，得到任意球的机会。但若裁判发现是故意假摔则会被发黄牌。

带球： 球员在赛场上边移动边控制球的能力。

加时赛： 当常规赛的时间结束，出现平局的情况时，而采取的一种角逐冠军的方法。许多比赛都会有加时赛。

假动作： 用来迷惑对手以带球过人的动作。

头球： 为了传球、解围、控球和射门而用头（通常是前额）碰球的动作。

脚后跟传球： 直接向后方传球，通常用脚后跟踢球。

装备： 球员必备的标准器材和球衣。

传中： 把球传到场地中间的长传球。

平局： 比赛结束时，两队得分一致。

盯人： 看住可能有球或者没有球的球员，防止他们接到传球。盯住对方的防守球员就成为"盯人"。

速度： 球员或者球的速度。

乌龙球： 球员把球射进己方球队的球门。

球迷： 一般用球迷代替粉丝来称呼喜欢足球的人。

铲球： 用脚把对手前面的球踢开。有时，铲球包含肩部碰撞的动作，但是决不允许出现拉、推、绊倒、肘击、臀部碰撞等动作。

掌球： 用身体的各个部位接触足球（除了手臂和手掌）。掌球可以用来判断一个球员的控球能力。

黄牌警告： 裁判对犯规球员作出警告。传统上裁判会将球员的犯规详情记录在随身的记事簿内。

旅行队： 美国一项少年足球项目的术语，球队经常到别的镇或者州进行比赛。

17

监督足球规则。1931年，管理世界足球项目的国际足联加入国际足球协会理事会。但是，英国的足球协会仍保有变更规则的最大决定权。哪怕是国际足联反对，英国协会依然可以投票更改《足球竞赛规则》。这种情况一直持续到1958年。现在，英格兰、爱尔兰、苏格兰和北爱尔兰在国际足球协会理事会各占一票，而国际足联占有四票。如果有任何一方想要改变《足球竞赛规则》，需要拥有6张赞成票才能通过。所以，即使所有的英国协会都想修改规则，也必须要说服国际足联的其中两位投票人。同时，如果国际足联想修改规则，也必须要说服两位英国协会的投票人。这种方法显然更加公平。

国际足球协会理事会每年都会召集会议审查《足球竞赛规则》，讨论是否需要做出修改。虽然只有国际足联和四个英国协会有投票权，但是世界各国的足球组织、每个国际足球区域联盟都有提议权。所有的提议都需要经过讨论和投票，一旦规则发生改变，那世界各地的足球规则也会一起改变。

《足球竞赛规则》第11条是关于越位的规则。越位，是指球员位于对方半场上最接近球门的位置，这大概是体育规则史上变更

国际足联的标志

进球

抛硬币决定双方场地

18

最多的一条规则了。1863年，在足球协会首次颁布的13条规则中，关于越位的规则排在第6条。当时，所有在球前面的球员都被视为越位，这就意味着球员不能向前传球。但这样的话，就很难进球了。所以在1866年，人们首次修改了这条规则。新规则规定，只要有三名对方球员在带球球员和球之间，那么就不算越位。

其他的变更也接踵而来。1881年，角球不算越位；1907年，在己方半场上不算越位；1920年，掷界外球不算越位；1925年迎来了最大的变化，只要两名对方球员在球员和球的直传向前传球线路之间就不算越位。1925年修改的规则一直沿用到1990年，这一年《足球竞赛规则》又进行了另一个重大调整。规定只要进攻方一名球员与防守方第二名球员位于同一条线上，就不算越位了。

以下是《足球竞赛规则》中的重大变更。
- 1869—引入球门线，划分出球门区域。
- 1871—每队需派一名球员当守门员。
- 1872—引入角球。
- 1891—加入点球。
- 1912—在罚球区域之外，守门员不能用手接球。
- 1958—允许替补球员上场。
- 1970—引入红牌和黄牌。

历史演变

足球与其他体育运动非常不同的一点是，足球从吹响比赛的哨声到半场结束，中间都不会有暂停的时间。而橄榄球、篮球和曲棍球，都是可以暂时喊停的，但这种情况不会出现在足球比赛中。

很多年以前，足球比赛以45分钟为半

酷炫的掷界外球

19

场。对于球队和裁判而言，时间是个问题，因为当比分接近的时候，一些球队会想方设法拖延时间。他们可能会假摔，或是长时间庆祝进球。他们最终的目的都是拖延时间，不让对方有机会进球。裁判要加速比赛进程的一个方法就是给明显拖延时间的球员发黄牌警告，但是改变这种情况最有效的办法是让裁判有权利在半场结束后宣布进行伤停补时，弥补所有的拖延。

根据《足球竞赛规则》，在半场结束后，裁判宣布伤停补时的因素有很多，包括：

- 替补。
- 受伤球员接受检查或治疗。
- 拖延时间。
- 纪律制裁。
- 比赛中喝水或服用药物。

但是，裁判还有很多原因可以宣布补时。美国职业足球大联盟比赛中曾出现这样的情况：观众把照明灯等许多物品扔进球场，激光笔的灯光照着球员的脸，在比赛期间跑入场内拥抱自己喜爱的球员或者要求合影。在这些情况下，裁判都必须弥补一半的损失时间。那么裁判如何得知补时长度呢？众目睽睽之下，裁判决定补时长度的依据完全是一个谜。

《足球竞赛规则》中并没有明文规定补时的时长，只是简单地写道"时长由裁判根据上下半场被占用的总时间决定。"那么裁判是如何确定的呢？

大多数情况下，被占用的时间主要发生

加时6分钟

守门员犯规

裁判发红牌

切尔西在对阵曼联的比赛中，庆祝进球。

在替补和受伤两方面。一般来说，替补所需时间平均为30秒，受伤处理则需一分钟左右。但它们所需的具体时间并不是固定的。赛场外，第四官员（即替补裁判员）位于参赛两队的休息长椅之间。除了裁判已有的职责，很多裁判都会征求第四官员的意见来决定伤停补时的时长。对于第四官员而言，看时间、准确预判更换替补所需的时间和计算移送伤员的时间都是很容易的。在炎热的天气时，第四官员还可以决定补水暂停的时长。这些时间记录都会告知裁判，裁判就以这个信息为基础确定补时的时长。

一旦裁判定好半场的补时时间，第四官员就会通知球队，并用板子展示。值得注意的是，这个时间并不是确切的时长，而是赛前定下的最少补时时间。因为如果在补时中出现新的伤停补时，如换替补，那么裁判则会再进行加时。

对于球员和球迷而言，最重要的是在赛场上尽可能地多进球。我们都想进球得分，如此，球员才能继续为球队而战，球迷也能为球队庆祝。但在比赛期间存在自然停时，而过长的停时会打乱比赛的进程、减少实际的比赛时间。裁判要确保比赛时间的充足性不会因长时间的暂停而缺失，而确保上下半场比赛时间完整性的一个方法就是伤停补时。

确定规则

虽然踢好足球需要大量的技巧，但足球却又是世界上最简单的比赛项目之一。你所需要的就是一个足球和一个足够你踢球的场地。场地并不局限于体育馆或者足球场。而且，在和朋友踢球的时候，你们甚至不需要太多的规则。但是，如果你的对手是足球联盟的球队，无论是娱乐为目的的当地俱乐部还是以世界杯为目标的国家队，你都需要知道官方的规则：《足球竞赛规则》。

1863年，英格兰足球协会成立时，埃比尼泽·科布·莫利写了最早的13条足球规则。到1898年，足球规则增至17条。

时至今日，在莫利写下首个足球规则的120年后，足球规则仍有17条。但比起从前，今天的规则包含了更多细节和阐释。

规则1：比赛场地

- 比赛场地须为天然草皮、人造草皮，或是两者都有。
- 人造草皮场地的表面必须是绿色的。
- 比赛场地必须是长方形，且有标示引导作用的实线。

规则2：球

- 比赛用球必须是球体，且由受许可的材料制成。
- 比赛用球的周长必须是68~70厘米，重量在410~450克之间。

只有守门员可以用手抓球。

专业比赛用球的周长必须是68~70厘米，重量在410~450克之间。

规则3：队员

- 每队上场队员最多11名，其中1名必须是守门员。
- 如果其中一队少于7人，比赛则不能开始或继续进行。
- 这项规则同样适用于替补队员。

规则4：队员的装备

- 队员必须穿戴有袖上衣、短裤、护袜、护胫板和鞋子。
- 守门员可穿长裤。
- 队员不得佩戴任何有危险性的装备或珠宝饰品。

规则5：裁判

- 每场比赛由一名主裁判，其他裁判协助管理，共同执行《足球竞赛规则》。
- 裁判负责计时和判罚犯规队员。

规则6：其他的裁判

- 其他的裁判（两名裁判助理、一名第四官员、两名附加助理裁判员，以及候补助理裁判员）协助裁判管理比赛。

规则7：比赛时长

- 一场比赛的时间是90分钟，分为上下两个半场，两个半场比赛时间相同，都为45分钟。
- 每半场结束时，对于因受伤、庆祝或是其他原因造成的时间损失，裁判可进行补时。

规则8：比赛开始和重新开始

- 比赛的上下半场开始、加时赛上下半场的开始、进球得分后比赛的重新开始均需执行开球方式。
- 通过掷硬币，决定一方选择上半场进攻方向，对方开球。
- 每次开球，除了开球队员，所有队员必须在本方半场之内。

打破规则

马克·盖格

规则1建立于**官方联赛**，在场地大小方面，边线长度为90~120米，球门线宽度为45~90米。国际比赛场地的尺寸则是边线长度为100~110米，球门线宽度为64~75米。标准球门高2.44米，宽7.32米。但是在《足球竞赛规则》中，允许一些地方因人而异。在球队中含有16岁以下的队员、女性和35岁以上的退伍军人时，允许以下各项规则发生变化：

- 比赛场地的大小
- 比赛用球的大小、重量和材料
- 球门的大小
- 比赛时长
- 替补队员的数量

规则9：比赛进行及中止
- 当球无论从地面或空中整个越过球门线或者边线时。
- 当比赛被裁判员停止时。

规则10：比赛结果的决定
- 当球整个从球门柱间及横梁下越过球门线，即为进球得分。
- 在比赛中进球数较多的队伍为获胜队。
- 如双方球队均未进球或者进球数相等，则该场比赛为平局。

规则11：越位
- 当队员在对方半场，身体的任何部分较球和倒数第二位对方队员更接近对方球门线。
- 这项规则是为了阻止队员在对方球门前徘徊，趁机射门。

规则12：犯规和不正当行为
- 在比赛中犯规或违规，可被判罚警告、离场、对方直接或间接任意球以及点球。犯规包括踢人、绊人、挡人、拉人、手球和未经裁判允许进入比赛场地。

明显的犯规

规则13：任意球
- 任意球分两种：直接任意球和间接任意球。

警告牌

今天的足球比赛中，有时候你会看到裁判举起黄牌或红牌。黄牌是对犯规球员做出警告，红牌是要求犯规球员离场（球员拿到黄牌或红牌的原因可详见28—29页）。但是，黄牌和红牌并没有贯穿足球比赛发展史。在早期的足球比赛中，如果球员犯规被判罚警告，就会被裁判点名，在笔记本上记下球员的名字和球衣号码。这就是为什么我们常听到今天的足球评论员和球迷会说球员被裁判记名了。1966年世界杯，在英格兰对阵阿根廷的比赛中，有一名球员就被裁判记名并判离场。但是，球员并不知道自己已经获得一次警告。因为在世界杯和其他国际比赛中，裁判和球员并不总是说同一种语言。很明显，这是矛盾的源头。比赛结束后，1966年世界杯的主裁判肯·阿斯顿在开车回家的路上看到红绿灯，从中得到启发，想到了用黄牌和红牌在足球比赛中表示警告和离场。在1970年世界杯，黄牌和红牌首次被引进足球比赛中。自此，它们成为足球比赛不可或缺的一部分。

- 这项规则主要阐明谁犯规被罚，谁可以踢任意球。

规则14：点球

- 队员在本方罚球区内犯有可判为直接任意球的犯规，则判罚球点球。
- 罚球点球可直接射入球门得分。

规则15：掷界外球

- 当球整个从地面或空中越过边线时，掷界外球判给最后触球的对方。
- 掷界外球时，掷球队员必须面向比赛场地，用双手将球经头顶掷出。
- 掷界外球不能直接掷进球门得分。越位球不是界外球。

规则16：球门球

- 当球整个从地面或空中越过球门线，最后触球者为进攻方队员，且并未出现进球，则防守方获得球门球机会。
- 由防守方队员在球门线内的任意一点将球放定后踢出。

规则17：角球

- 当球整个从地面或空中越过球门线，最后触球者为防守方队员，且并未进球，则进攻方获得角球机会。
- 进攻方队员踢角球，重新开始比赛。这对防守方队员来说是一个威胁，对方球员踢角球时可能会曲线射门到球门前，这是一个进球的好机会。

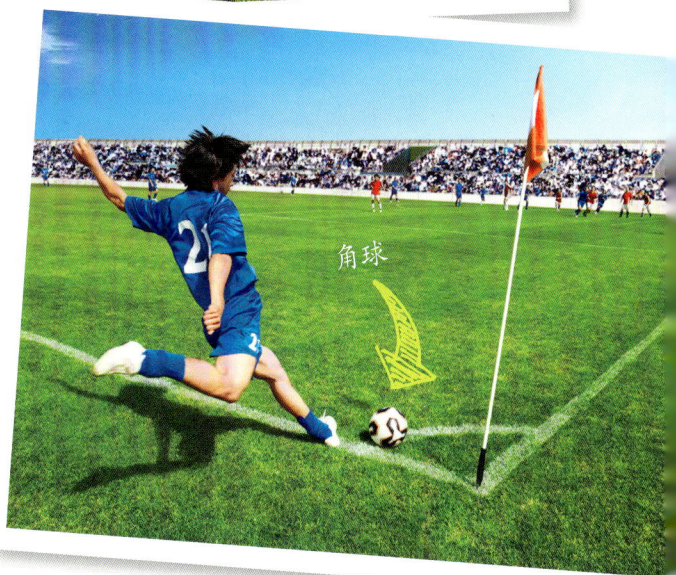

点球

掷界外球

角球

队形部署

▶ 守门员
　　守门员的主要职责是阻止对方队员进球。除了掷界外球，守门员是唯一一个可以用手触球的队员。这也是守门员需要穿和队友不同颜色队服的原因。很多守门员还会带手套，这样既能帮助他们更好地扣住球，还可以防止受伤。守门员必须具备俯冲和跳跃能力，可以截住快速飞来的球。同时，当守门员也需要巨大的勇气！

▶ 后卫
　　后卫的主要职责是帮助守门员阻止对方进球。后卫常待在己方半场，他们要善于阻止对方前锋的进攻、阻止射门和断球。

▶ 中场
　　顾名思义，中场的位置在后卫和前锋之间。中场要懂得预判后退帮助后卫和向前帮助前锋的时机。他们也需要强大的持久力，因为比起其他队员，他们跑动的时间更多。

▶ 前锋
　　前锋的位置距离对方球门最近。前锋通常是全队跑得最快的队员，脚力快；他们的主要职责是射门和为队友创造射门的机会。而中锋（前锋的一种）一般是队伍的射门主力，因此也常被称为主力得分球员。

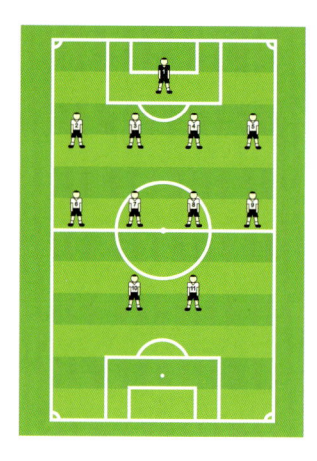

4名后卫
4名中场
2名前锋

　　4-4-2阵型曾经是最常见的防守阵型，4个中场协力阻挡对方前锋发动的攻势。

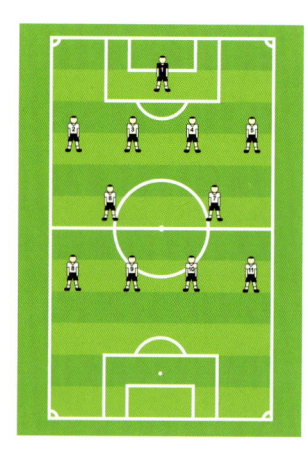

4名后卫
2名中场
4名前锋

　　在比赛接近尾声、比分又落后时，球队通常会采用这种加强进攻的阵型，由队伍里最好的得分球员主导攻势。

3后卫
4中场
3前锋

　　这是既重防守也重进攻的攻守平衡阵型。这个阵型需要一群可攻可防的优秀中场球员。

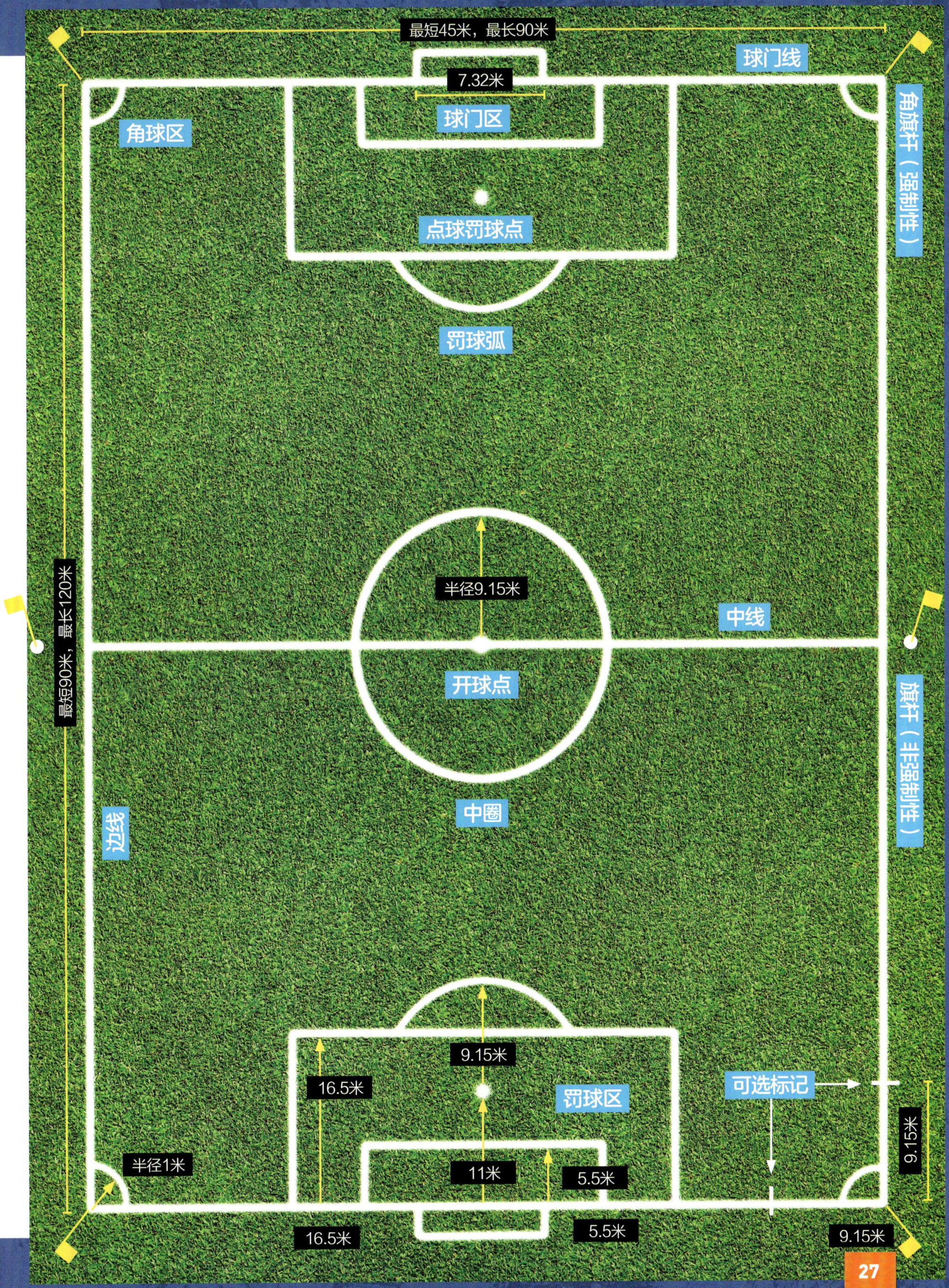
最短45米，最长90米
球门线
7.32米
角球区
球门区
角旗杆（强制性）
点球罚球点
罚球弧
半径9.15米
中线
最短90米，最长120米
开球点
旗杆（非强制性）
中圈
边线
9.15米
16.5米
罚球区
可选标记
9.15米
半径1米
11米
5.5米
16.5米
5.5米
9.15米

黄牌和红牌

足球是"最美妙的运动"。但有时候，球员的踢法并不能展现出它本身的魅力。所以，当这种情况发生时，裁判的工作就是确保球员的行为符合《足球竞赛规则》，为球员提供一个展现球技的安全环境。

球员在比赛过程中开始不尊重比赛规则，或是给对手造成威胁时，裁判必须阻止，他可能会吹哨表示犯规或者口头发出警告。如果还没有起到作用，球员犯规加剧，那么裁判会对犯规的球员出示黄牌（警告）或红牌（判罚离场）。

马克·盖格

出示黄牌是为了让球员重新遵守《足球竞赛规则》。该规则列出了裁判可出示黄牌的六种情况，且对每种情况都有详细的比赛情形说明。一起来看看这六种情况及相关的比赛情况吧！

▶▶ **非运动精神行为**：涵盖了各种形式的进攻。如不计后果地踢球、用手投球射门、假装犯规或受伤来欺骗裁判，以及对比赛有不尊重的言行。

▶▶ **异议**：用口头或动作对裁判的判决表示异议。

▶▶ **连续违反规则**：在比赛期间，球员连续犯规。犯规间隔的时间越短，球员被罚黄牌的可能性越大。

▶▶ **延误比赛重新开始**：浪费时间，打断比赛的自然进程。以下是浪费时间被罚黄牌的例子：准备掷界外球时突然换掷球队员，在裁判叫停之后仍继续踢球或带球，在不恰当的位置上踢任意球争取第二次任意球机会。

▶▶ **不遵守指定距离**：在踢角球、任意球和掷界外球时，对方队员必须与球保持指定的距离。如果球员距离对方队员太近、干扰比赛，就有被判罚黄牌的风险。

▶▶ **未经裁判许可，进入、重新进入或离开比赛场地**：有时候球员因检查装备或接受医疗救治必须离场，当他们需要再次回到球场上时，必须获得裁判的许可才可以进入。如果未经裁判许可就跑进场地，球员将被判罚黄牌。

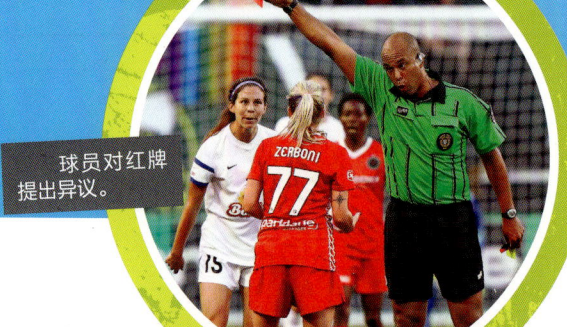

球员对红牌提出异议。

皇马的一名球员被罚下场。

红牌　是比赛过程中对球员来说最严重的判罚。如果拿到红牌，那球员就不能再继续参加该场比赛了。被罚球员必须离场，在观众席或更衣室观看比赛。而且，被罚下球员的球队在球场上将会少一名队员，这样对方队伍在人数上就占有优势了。最后，拿到红牌的队员还不能参加下一场比赛。虽然这个判罚很严重，但是被罚下场的球员的违规行为同样是很恶劣的。根据《足球竞赛规则》，有七种情况会被判罚红牌。

▶ **严重犯规**：球员暴力抢球或以其他危及对方球员安全的方式抢球。

▶ **凶暴行为**：在不是抢球的时候，通过肢体行为对抗对方球员、教练、裁判和观众的粗鲁行为。

▶ 向对方球员或其他人吐口水

▶ 蓄意手球导致对方一个进球或一个明显的进球机会被破坏：众所周知，守门员是唯一一个能用手触球的球员。所以，如果其他的球员用手阻止进球，那就是严重犯规。

▶ 一个明显的进球机会受到对方球员蓄意犯规所破坏，该犯规应被判罚一个直接任意球：简称为DOGSO，常发生在一对一和很有可能进球的情况下。

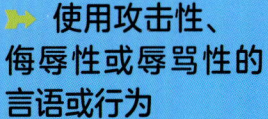

试图踢任意球得分。

▶ 使用攻击性、侮辱性或辱骂性的言语或行为

▶ 同一场比赛拿到第二次黄牌警告：有时，在一场比赛中，球员拿到一张黄牌但却没有停止犯规行为，就会拿到第二张黄牌（不管被判罚的理由是否一致），这就意味着该球员会被红牌罚下。

趣味知识

每年，美国的15万名裁判都必须接受测试，考查他们对《足球竞赛规则》掌握的程度。测试的问题有的很简单，有的很难。裁判的等级越高，考试的难度就越大。如果参加考试的话，你觉得自己的表现会怎么样呢？下面分别有美国足球2016—2017年入门级裁判考试、州裁判考试和全国裁判考试的样题。一起来看看你是否有资格担任下一任的世界杯裁判吧！

入门级裁判考试样题

1. 如果任何一队的人数少于_____人时，比赛无法进行。
   a. 3
   b. 6
   c. 7
   d. 11

2. 一名进攻队员处于越位的位置上，直接接过队友的掷界外球。该球员是否属于越位犯规？
   a. 是
   b. 否

3. 从界外掷球，球未经任何人的触碰直接进入对方球门。此时该如何正确地重新开始比赛？
   a. 角球
   b. 球门球
   c. 掷界外球
   d. 开球

州裁判考试样题

4. 在点球罚球点踢球时，球员在踢球前用假动作干扰并射球入门，那么裁判应该怎么判？

a. 承认进球

b. 判罚进球无效，重新点球

c. 判罚进球无效，给球员警告，重新点球

d. 有效的进球得分，但警告球员该行为违反体育精神

5. 如果裁判已经给同一个队员发第二次黄牌警告却没有让他离场，第四官员应该怎么做？

a. 马上告知裁判这个错误

b. 在下一次暂停休息时告诉助理裁判

c. 让比赛继续进行，在比赛结束或半场结束时告知裁判这个错误

d. 无视它，让裁判承担相应责任

全国裁判考试样题

6. 球打中裁判的脸并射进球门，但当时裁判受伤了，暂时无法担任裁判工作。那么在裁判没有看见进球的情况下，这个球是有效进球吗？

a. 无效，裁判必须亲眼看见球完全越过球门线

b. 有效，但是必须得到其他比赛官员的承认，这是合规的进球

c. 有效，但是必须得到距离最近的助理裁判的承认，这是合规的进球

d. 以上所有答案都对

7. 一支队伍故意输掉比赛，裁判应该怎么做？

a. 裁判应警告该队队长，如果不摆正态度，就会将其驱逐离场

b. 裁判应该放弃比赛

c. 裁判允许继续比赛，但会在赛后报告中记录这一事实

d. 在这种消极态度下的进球裁判应判为无效进球

答案：1.c 2.b 3.b 4.a 5.a 6.b 7.c

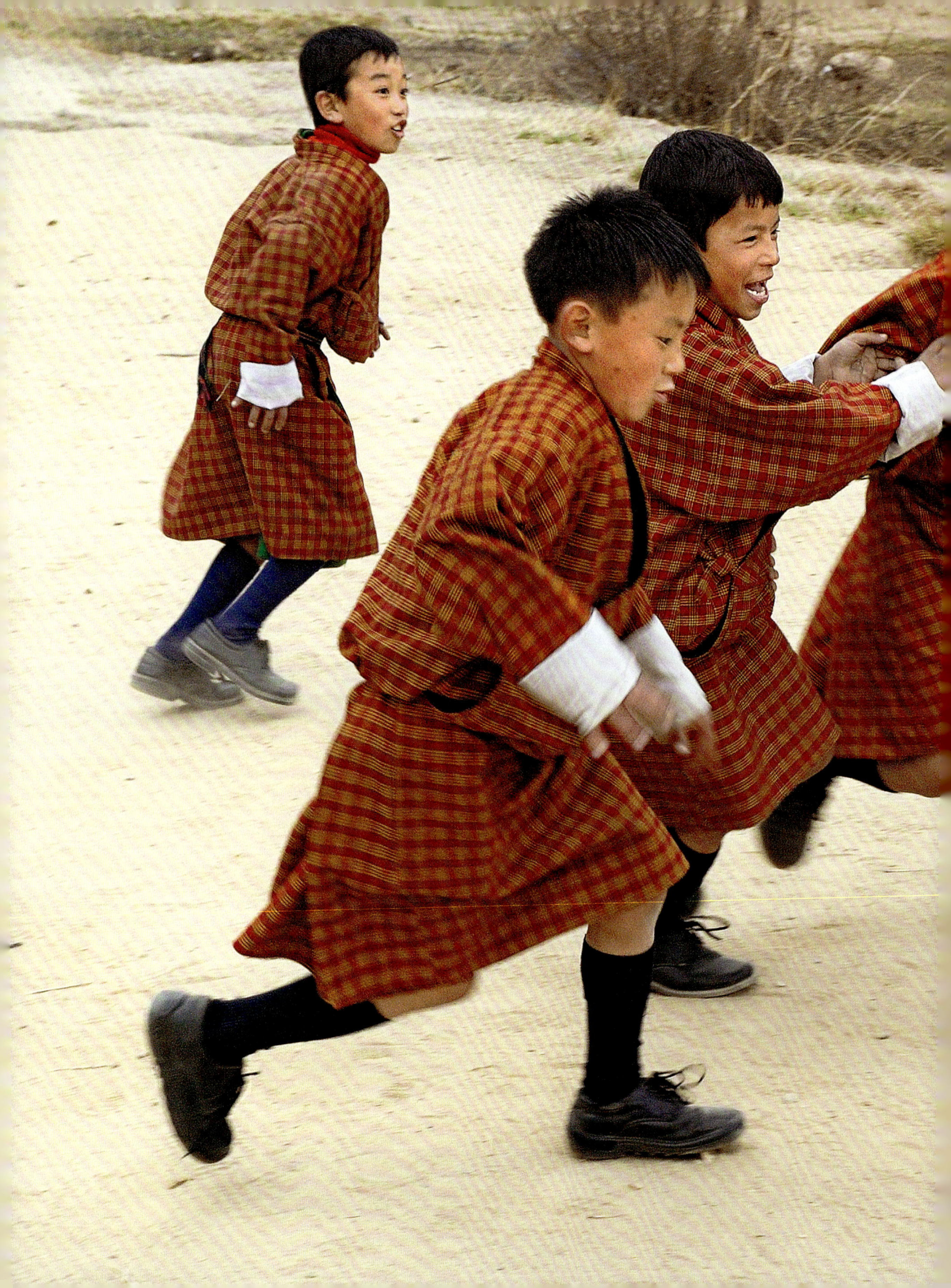

第二章
足球的起源

在不丹的首都延布，学生们在踢足球。

专家寄语

足球

在不同的国家，人们对足球的称呼各不相同，但无论人们如何称呼，它都是公认"最美妙的运动"。它几乎遍布世界上的每一个国家。国际足球联合会（FIFA）拥有211个成员国。

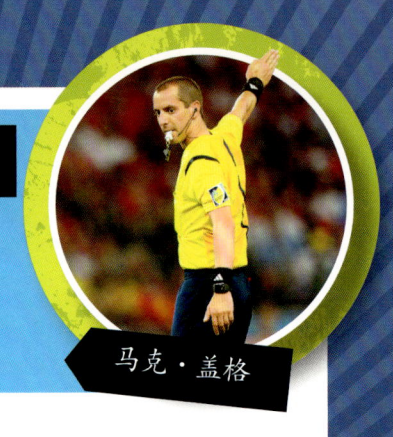

马克·盖格

根据国际足联2007年的数据显示，包括运动员、教练和裁判在内，世界上有将近2.7亿人从事这项迷人的运动。此外，足球还拥有40亿球迷，是世界上最受欢迎的体育运动之一。在这一章中，你将了解到足球也是世界上最古老的体育运动之一。

6岁那年，我和足球相遇了。我的妈妈帮我报名了美国新泽西州的比得伍奇足球俱乐部，这个俱乐部就在我家附近。我一下就爱上了足球。除了在球场上，我还会在我家院子里练习运球，以两棵大树的空隙或者在车库里设定一个地方当作球门。大多数时候，我要么是练习足球技巧，要么是和朋友一起踢球。虽然一直到高中，我都很享受学校组织的足球赛。但我知道自己不可能再更进一步去参加更激烈的球赛了，因为我受过很多伤。即使在退出球队之后，我对足球的热情和喜爱都没有消逝。在接下来的日子里，我仍然积极地从事与足球相关的行业，坚持踢室内足球，在莱西镇中学和比得伍奇足球俱乐部当教练。

我由衷地享受足球训练和比赛，但也很清楚我永远不可能在这一领域达到顶峰。对于这项体育运动，我最大的贡献应该就是成为一名裁判了。即使当时只有13岁，但是我知道除了上场队员之外，没有什么比裁判更能够参与到我所热爱的足球运动中。于是，我和所有年轻裁判一样，从6岁到10岁的青少年比赛开始执法。此后，我的裁判生涯非常幸运的一路攀升，这和球员的级别上升是一样的：州杯、区域锦标赛、全国锦标赛、半职业赛、职业赛、决赛、国际赛等。

因为裁判需要去世界各地执法比赛，所以我经历了很多。如果没有这些经历，我可能永远都无法看见和体验这些城市的一切。

世界各地引进足球运动的时间和方式各不相同，但全世界对于足球的热枕却是相同的。

拥有40亿球迷，足球是世界上最受欢迎的体育运动。

东帝汶的孩子们在踢足球。东帝汶是位于澳大利亚附近的一个小国家。

马克·盖格

马克·盖格裁判在解释情况。

19世纪中期，现代足球诞生于**英国**，但足球的起源要比这个时期还要早。

中国蹴鞠

没有人能确切地知道人们最早进行类似足球的运动是在什么时候。但是有证据表明，2400年前，在古代中国就有人开始进行踢球运动了。而足球真正出现的时间可能比这更久远。一些资料显示，踢球运动早在1万年前的中国就非常受欢迎了！鞠是古代中国的一种羽织球，它的外面包着动物皮，里面用头发或者羽毛填充。蹴鞠就是一种用鞠进行运动的项目。蹴鞠的原义就是"用脚踢球"。根据中国神话，蹴鞠是黄帝发明的，他是中国神话中远古时期的一个英雄。黄帝出生于约公元前2704年，距今5000年。在中国传统神话中，他充满智慧，并运用智慧改善人民的生活现状。尽管他希望当一位和平的领袖，但是他生活在烽火四起的年代。据说黄帝发明了弓箭和其他早期的武器，让他的士兵能在交战期间防止对手靠近；传说他还发明了蹴鞠来训练士兵。和现代足球一样，手和胳膊是不允许触碰球的，并且还要通过把球踢进两个柱子形成的球门内得分。

蹴鞠在中国流行了几个世纪。它始兴于

古代中国的蹴鞠。

蹴鞠就是"用脚踢球"。

现代球员重现蹴鞠运动。

汉朝（公元前206年—公元220年）。中国在汉朝处于相对和平的时期，没有战事的时候，士兵们经常会踢蹴鞠，因而专门的运动场地也就应运而生；那时候甚至还出现了裁判。汉武帝就非常喜爱踢蹴鞠，还让人为他撰写与蹴鞠相关的文章。或许这就是世界上最早的体育记者了吧？如果是的话，他们写的文章恐怕和我们今天看到的体育报道不一样，因为中国古代蹴鞠运动的文章不会提供现场解说栏目，它们更像是哲学课。撰写人常以圆形蹴鞠和方形场地比作阴和阳，这是中国古代对于和谐平衡的概念。但是一些文章有助于说明蹴鞠运动的规则。我们可以从中得知，当时蹴鞠的规则与今天的最大不同之处就是要把鞠射进六个圆形小洞之一。

用毛发制成的蹴鞠。

蹴鞠在许多方面都和足球不同。在唐朝（公元618年—907年），蹴鞠变得更受欢迎了。此时的球内里用毛发填充，取代了羽毛。皇帝、富翁都开始建设私有的蹴鞠场地和组建私人球队。一些球队表演蹴鞠是为了取悦皇帝，而一些球队会前往其他大城市与别的球队比赛切磋，就像今天的职业球队一样。

一开始，踢蹴鞠的只有男性，但是1000多年以前，女性也加入了这项运动。宋朝（大约是公元10世纪）有一篇文章记载了一场蹴鞠，当时有153名女性参加了！她们穿着多彩的队服或者刺绣丝衣，在成千上万名观众面前踢蹴鞠。

到了近代，中国人不再踢蹴鞠，而日本却仍保留着蹴鞠这种形式。根据中国军事史上的记载，蹴鞠始终被认为是一种具有侵略性的运动，但在公元644年传播到日本的时候，蹴鞠换了一种形式。日本蹴鞠（Ke-mari）是一种合作而非竞争的运动，它的规则是要求球员可以用除了双手外的一切办法阻止球落地。在现代日本，人们仍会在宗教节日里踢日本蹴鞠欢度节日。

日本的蹴鞠运动

古埃及的足球运动

尽管蹴鞠和现代足球有着很多相似之处，但是许多现代足球专家和历史学家仍对这两种运动是否存在确切的关系持有怀疑态度。他们指出，很多古代文明都有自己的球类运动，这些运动中也有一些和足球很相似。

今天我们主要通过艺术来了解古埃及的体育。在金字塔和寺庙的墙壁上刻画的场景表明运动和健身是古埃及人民生活的重要部分。这些壁画描绘了人们正在进行体操、射箭和其他体育运动的比赛场景。由纸莎草（古代的纸张）制成的卷轴上也记录了一些与其相关的故事，并写下了一些运动项目的详细介绍。

在公元前2500年的埃及古墓中，我们发现了由亚麻（一种布料）或动物皮制成的球。根据同时期的绘画作品，专家们认为古埃及人会在特殊的节日进行与足球类似的运动。他们用色彩鲜艳的衣料包裹住球，然后在地面上踢球，以此来庆祝丰收。但是，如今谈到古代运动的时候，比起埃及，人们更多的会想到古希腊。

古希腊和古罗马

体育运动对古希腊人非常重要。公元前776年，第一届奥运会在希腊举办。这项体育赛事一直持续到公元393年，长达1200多年。即使在战争时期，人们也会暂时休战，来举办体育比赛。

同时，古希腊也为观赏性运动设立了新的标准，这似乎让所有体育运动的焦点都集中在了运动员个人身上。但在奥运会之外，古希腊也有团体赛。在我们现在看来，一些运动项目看起来并不那么有组织性，更像是在公园或学校里玩的游戏。例如躲避球，运动员们主要是把球扔给其他人。古希腊还有一种叫希腊蹴鞠（episkyros）的球类运动。男女均可参加，但多数为男性。希腊蹴鞠是足球的古代形式之一，但是它的规则似乎更像是北美橄榄球的古代版本。每支队伍通常由12至14人组成，队员通过踢或者掷的方式把球踢过对方队员的头顶，由此穿过球门线。希腊蹴鞠可能还涵盖了棒球和曲棍球的古代形式，因为有些资料显示队员也可以用棍子击打球。不过，可以确定的是，希腊蹴鞠和大多数古希腊的运动一样，场上的队员都是裸体的。

古希腊还有一种运动，叫哈帕斯顿（harpaston）。虽然人们对它的描述和希腊蹴鞠的区别并不大，但这是另外一项运动，运动员需要跑动，通过掷、踢等动作让球穿过球门线。它听起来很像北美橄榄球，也是一项非常激烈的运动。奇怪的是，哈帕

古埃及壁画上描绘的摔跤。

38

哈帕斯图姆运动

描绘公元1世纪时期罗马哈帕斯图姆运动的画。

斯顿在希腊语中的意思是"手球",所以我们很难断定它与现代足球是否存在联系。但是,古希腊人在运动时要确保球不落地。

在公元前100年,罗马是世界上最大的城市,罗马帝国逐渐扩张到今天欧洲、非洲和亚洲的部分地区。罗马人有自己的"足球",他们称其为哈帕斯图姆(har-pastum)。对罗马人而言,哈帕斯图姆属于"小球类运动",因为这项运动使用的球大小和葡萄柚差不多。这种球虽然看起来小,但也会伤人,因为它是用皮革制成的,里面填满了沙子。哈帕斯图姆的比赛场地为长方形,四边有边线,中线横穿中间。哈帕斯图姆的参赛队伍人数为5到12人。和古希腊一样,比起足球,这项罗马运动更像美式橄榄球。它允许掷球、踢球,但是与现代足球最大的不同在于运动员不用射球入网和越过球门线。而是通过运动员之间的传球,以中线为界,在己方半场尽可能长时间让球保持不落地。同时,对方队员试图截球,并把球传回己方场地。一旦球落地就得分,因此得分较低

青铜雕像罗马战车。

39

世界上最早的足球

在古罗马时期，体育用球是由猪的膀胱制成的。所以，要往这些球里充入空气，就像现在我们吹气球一样，不过这并不是一件有趣的活儿。因此，当时的人们可能会用一些陶土瓦管来吹气，这样他们就不需要用嘴巴直接接触到这些动物的内脏。

用猪的膀胱来做体育用球最大的问题是，一旦里面充满了气体，球就会不定时地爆开，这和气球也是一样的。因此，人们开始用动物的皮肤缝制成皮套，将猪膀胱的顶部开口缝合起来。目前世界上已知的最古老的足球收藏于英格兰斯特灵市的一个博物馆中。这个球是在斯特灵城堡的一个卧室上方的椽子上发现的，人们认为它可能属于苏格兰女王玛丽。这个球制于16世纪，当时她还是一个小女孩。这个球也是在猪的膀胱上缝制皮革形成的球，至今已有450多年的历史了。

玛丽小时候的日记记录了她踢过足球和打过高尔夫。据说，玛丽当女王时，她会从阳台投球下来，以此开始她的侍卫和皇室仆人之间的比赛。从她卧室找到的这个足球可能就是其中之一。

世界上最古老的足球收藏在英格兰斯特灵市

1966年世界杯比赛用的足球

1912年的足球

19世纪的足球

中国博物馆仿制的蹴鞠

柳条球

1925年的足球

1930年世界杯比赛用的足球

41

的那个队伍才是胜利方。

在哈帕斯图姆的队伍中，每个队员都有自己特定的职责。针对队员的站位，有很多独到的战略，这和足球不一样，他们的站位不会遇到任何阻碍。因为在足球比赛中，只有持球的队员才能踢球。公元200年，罗马一位著名的医生、哲学家，名为盖伦。他非常热爱哈帕斯图姆，曾经描述这项运动"毫无危险"。但是，即使是盖伦也必须承认队员并没有严格地遵守比赛规则。"在双方队员面对面，激烈地阻止对方占据中间区域的时候，球员需要大量的使用颈部，因此他们常常会扭伤颈部。"

从公元43—410年，几乎400年的时间里，罗马帝国都统治着今天的英国。人们认为在这个时期，古罗马人将哈帕斯图姆传到了英国。这也很大程度地衍生了许多英国足球的传说，它们都认为是古罗马将足球引进英国的。虽然现在仍保存有古罗马人和当地英国人进行哈帕斯图姆比赛的记录，但是仍然没有任何实质性的证据能证明这与英国现代足球的发展有关。

那么，我们今天所熟知的足球是如何发展起来的呢？

中世纪的英国足球

在欧洲历史上，中世纪时期是指从5世纪持续到15世纪这段时间，大约600—1600年。在西方人类史上，中世纪一直被认为是一段黑暗的时期。

如今现代学者们认为这是片面的观点，事实上，中世纪是希腊和罗马帝国很多早已失传的科学和艺术的繁荣时期。但战争和疾病肆虐着整个中世纪，如果你不是国王、皇

接近现代足球的古代运动

在古代，不止是中国、非洲和欧洲有球类运动，中美洲也有。墨西哥中部以南，横跨几个国家的区域运动所用的球是用树液凝成的橡胶包裹成球，球员用箍击球，射入球门。尽管当时有一些规则已经允许使用手臂、球棒和球拍，但是运动员们一般用臀部击球。今天，我们依然可以在墨西哥的一些地区看到这项与足球相似的运动。现在人们称它为乌拉马。

在墨西哥，人们在玩乌拉马。

后或者生于富裕之家、贵族家庭，那你的生活会过得万分艰难。

今天，欧洲的许多国家都流传着与足球类似的运动，这些运动都可以追溯到中世纪。例如在英国，有很多传说都认为最早的足球是由古罗马运动哈帕斯图姆引进演变而来的，但这很难证实。有些传说则认为足球是维京人发明的，因为他们会砍下敌人的脑袋当球袋踢，不过这个说法非常令人不适！

公元793—1066年，从丹麦而来的维京人多次入侵英国，正是这个时期产生了一个关于足球起源最著名的传说，当然，也是相当残忍的。根据这些传说，大约在1042年，丹麦与英国停战之后，英国农民在自家的田地里耕作时常常会发现丹麦士兵的尸体。每当这时候，农民都会把尸体挖出来，把踢他们的头骨当作游戏。但也没有充足的证据能证明这个传说的真实性。

维京人将足球引入英国可能是真实的，但过程与尸体无关。

一些北欧神话（包括丹麦、挪威、瑞典和冰岛的神话）描述了这项维京人的运动。这项运动有多个名称，如克纳塔雷克尔（knattleikr）、索普列克（soppleik）和斯考夫雷克（skofuleik）等。但遗憾的是，北

意大利早期的足球运动。

不让球落地

尽管这些古代的运动与现代足球的相似度较低，但是我们可以看到这些早期运动的很多方面都应用在了当今体育运动的训练过程中。例如，在孩子们开始学习走位的时候，教练可能会让他们先扔足球而不是马上踢足球。因为这样可以加快比赛进程，让孩子们尽快熟悉和适应每一个位置。在2对2、3对3、5对5等很多小型比赛中（队员间距离相对较小），扔足球主要帮助球员锻炼在小范围内的控球能力。球员通过运球和带球，尽可能地保持球不落地来训练个人的控球能力。因此，哪怕这些古代的运动大多都已经消失了，但我们仍然可以在今天的足球运动中看到它们的影子。

马克·盖格

43

一项北美运动

印第安人和加拿大的第一代土著居民都盛行一种类似于长曲棍球的运动。这项运动在不同的人群中名字不同，其中最著名的一个名字是巴加特韦兜网球（baggataway），意为战争的小弟弟。这项比赛常用来解决争端，虽然它很暴力，但比起战争，这项比赛还是相对和平的一种方式。而在阿尔冈琴部落，人们会举办一种被称为pasuckuako-how-ag的比赛，意为一起踢球。虽然早期的欧洲移民都很惊讶于这项运动的残酷程度，但是它和中世纪的暴徒足球非常相似。1612年有一份记录写道："他们从不像我们那样，会互相撞后脚跟。"

长曲棍球可以追溯到1840年。

欧神话的作者在写作时默认每一个读者都已经会这项运动了，所以并没有在书中解释运动的规则。根据书中内容，这项运动似乎是足球、棒球和曲棍球的结合，因为球员要跟着球跑，并用棍子来击打球。但有时候也会误伤其他球员。

那么，英式足球真的是英国人民从维京人那里学习发展而来的吗？可能是，也可能不是。而我们现在也不可能明确地知道这些和足球类似的运动第一次在英国出现的具体时间。

暴徒足球

你有到大型职业足球场观看过现场比赛，或在电视前观看过现场直播吗？对于美国职业橄榄球而言，超级碗星期天是一个典型的全国性假日。在新年第一天举办大学碗比赛已经成为美国的传统，并持续了100多年。在足球场或棒球场户外进行的北美职业冰球联赛冬季经典赛已经成为一月一日的新习俗。

多伦多蓝鸟棒球队常常在加拿大国庆日，即七月一日，齐聚一堂。而全美

现代美国足球比赛场上的欢呼。

16世纪意大利的一幅画作。

相邻的小镇或乡村间常常会举办足球赛，而且每个球队都**没有人数限制**。

的棒球队在七月四日美国国庆日也会聚在一起。但是，试想如果这样盛大的欢聚不仅仅是发生在观众席，而是所有的球迷聚集在一起，那么这样的场面更像是什么呢？这就是中世纪时期，英国和法国的足球比赛场景。

中世纪的足球现在常被称为中世纪足球。因为在星期二忏悔日有举办足球赛的传统，所以它还被称为忏悔日足球。此外，民间足球和暴徒足球也是中世纪足球的别称。相邻的小镇或乡村间常常会举办足球赛，而且每个球队都没有人数限制。这绝对是一番疯狂的景象！

当时，没有特定的比赛场地，人们都是在小镇间的街道进行比赛的。球员可以踢球、掷球和带球跑动。有时候，人们会在小

莎士比亚时期的足球

足球在英国十分受欢迎，威廉·莎士比亚曾在他的戏剧中两次提到了足球这项运动。1594年，他在戏剧《错中错》的第二幕第一场，写道："难道我就是个圆圆的皮球，给你们踢来踢去吗？你把我一脚踢出去，他又一脚把我踢回来，为了让我这皮球不破，你们还得给我补上一块厚厚的皮哩。"而莎士比亚在1606年首次发表的另一部戏剧《李尔王》中也提到了"足球运动员"。

45

镇的周边设立球门，但是大多数时候都是没有球门的。所以，如果球员将球带到对方小镇中间的广场，则为胜；有时候，则以将球踢进对方镇中教堂的阳台内为胜。

在那时，足球就被誉为"最美妙的运动"，但是在暴徒足球比赛中，可就没有那么美妙了。如果你身强力壮的话，可能会觉得比赛有趣，但是被数量众多的球员抓住也是有些令人害怕的。甚至有时候，要付出生命的代价。即使侥幸存活下来，球员也会伤痕累累。而随着众多野蛮的球员涌上街头，街边小店也被迫关门。700多年前，伦敦商人们常向市长抱怨此事。为此，爱德华二世于1314年4月13日发布了足球禁令。如有违背，将有牢狱之灾。在14世纪初期到15世纪初期，英国有好几任国王同样颁布了足球禁令。

即使如此，这些与足球相似的运动仍在英国盛行，禁令总是被民众推翻。虽然暴徒足球的禁令持续时间不长，但却可能让它更受欢迎了，哪怕它依然是一项危险的运动。

足球运动的雏形

17世纪初期，人们开始用和我们现在极其相似的一套规则踢球。当时的作家形容这项运动是球员与球员之间的相互传球，球员射门得分。要研究足球和其他的早期运动，最重要的一本书是弗朗西斯·维路格比于17世纪初期完成的著作：《游戏之书》。

维路格比的一个朋友形容他"被智慧之蛇咬过"。维路格比对昆虫、鸟类和鱼类有着浓厚的兴趣，同时他也是一名体育迷，这对我们来说是一件幸事。

他的书涵盖了各种各样的运动和娱乐消遣，如网球及早期的棒球运动和纸牌、儿童游戏等。遗憾的是，维路格比在1672年去世

英格兰的足球运动，绘于1827年。

1845年，菲律宾的足球运动。

时并没有完成这本书。但是即使没有完结，这本书也足够令人惊喜。在长达三个多世纪里，英格兰的诺丁汉大学一直收藏着这本书。直到2003年，这本书的现代编辑版本才出版。

关于足球，维路格比写道，自暴徒足球起，足球已经有很长的历史了。球员要把足球踢进对方的球门，而且不允许带球和投球。他认为，球队"根据队员的力量和敏捷程度来平均分配。"维路格比并没有特别提到站位，但是在他的描述中，我们知道，球队的球员中有些侧重射门，有些侧重守人。他写道："他们通常把最好的队员留下守球门。"

19世纪末对足球的描述。

显而易见，在英国，自民间大众到顶层贵族，足球都是非常受欢迎的运动，在今天仍是如此。然而，在英国，那些为权贵家族孩童设立的高级学校（在美国称为私立学校，在英国称为公学）在足球规则的形成过程中扮演了重要角色。

关于英国公学足球起源的最早的传说可以追溯到1640年的威彻斯特大学，那是400年前的事情了。当时，人们认为足球是"体面和规范的"。但是，尽管人们开始按照维路格比所描述的规则进行比赛，仍然存在暴力现象。

1798年，塞缪尔·巴特勒担任什鲁斯伯里中学的校长，他明显不重视足球，并认为

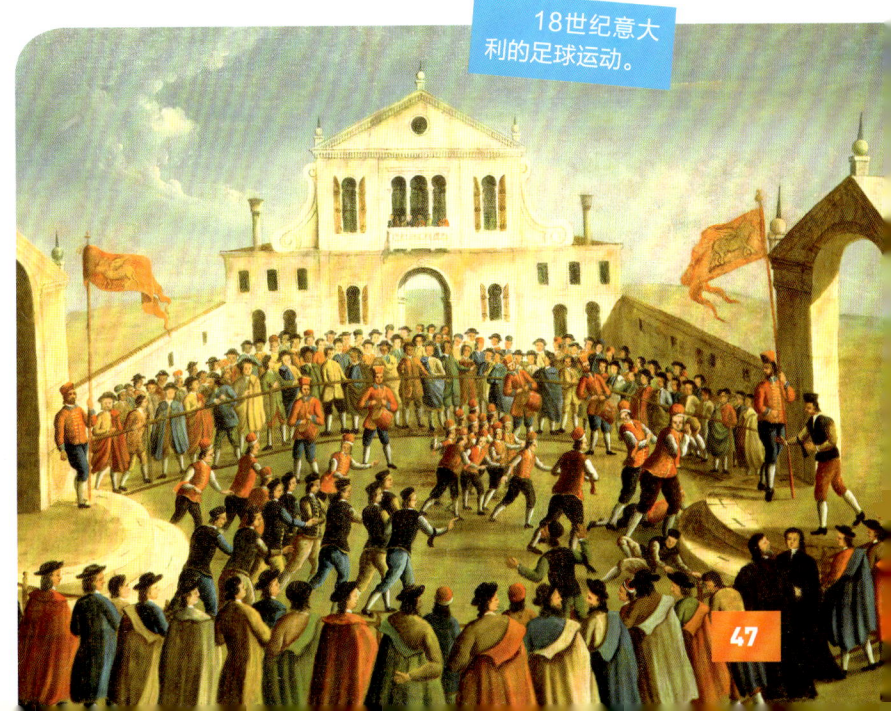

18世纪意大利的足球运动。

47

18世纪

一名意大利贵族在踢足球。

1910年男孩的足球装备。

20世纪

里中学，在1836年本杰明·肯尼迪成为新任校长之后，足球也成为校园生活中不可或缺的一部分。事实上，不管是否喜欢，什鲁斯伯里中学的学生每周都必须踢三次足球。

虽然没有强制要求学生踢足球，但其他学校在体育运动和锻炼方面同样有着极大的热情。但要在校园中普及足球仍遇到了一些问题。因为那时候足球还没有设定通用的规则，每个学校都有自己的玩法。他们都是依据比赛用球的大小、比赛场地的大小和球门的类型来创立规则的。对于那些不是该校学生的观众来说，这套规则非常复杂、难懂，要看懂比赛也不容易。（现在，仍有一些历史悠久的公学仍坚持使用自己老式的比赛规则。）此外，比赛的暴力现象也是一个问题。轻者，队员通常故意踢对手的腿。重者，一些学校的比赛看起来并不比暴徒足球文明。

另一类"足球"

英国沃里克郡的拉格比（Rugby）镇，有一所公学成立于1567年。你以前可能听过橄榄球这个词，也许你曾打过或是看别人打过。而橄榄球的英文名称"rugby"，正是起源于拉格比学校，它是一位不想只用双脚踢足球的足球队员发明的。

1784年，拉格比学校还买了一块地专供学生练球。19世纪早期，学生们就已经开始练习足球了，但是拉格比学校踢的这种足球与我们今天的足球大有不同。马修·布洛姆生于1805年，终其一生都住在拉格比镇。他的父亲帮忙管理拉格比学校，而他在1813—1820

足球更加适合农场主和底层劳动者的孩子，而不是年轻的绅士。但是，英国大多数的公学都非常乐意安排学生学习足球。

直到19世纪，人们才开始相信，身体健康有助于心理健康。他们相信运动和锻炼可以让人身强体壮，少生病。即使是什鲁斯伯

48

1882年，英式橄榄球比赛。

橄榄球的发明者是一位失意的足球球员，因为他**不想只用双脚踢球。**

英式足球—橄榄球—美式足球

加拿大和美国的美式足球起源于橄榄球。在19世纪70年代早期，橄榄球在加拿大的大学内逐渐流行起来。在蒙特利尔的麦吉尔大学，学生会玩一种椭圆形的球，他们可以捡起球并随意向四周跑动。而在马萨诸塞州波士顿的哈佛大学，学生们用圆球进行运动。球场上，学生大部分时候都是踢球，只有在被追赶的时候，他们才可以捡球、带球跑或是投球。1874年5月14、15日，麦吉尔大学的球队来到哈佛大学，与该校球队进行两场比赛。第一场比赛遵循美国规则，第二场遵循加拿大规则。赛后，哈佛队员更喜欢加拿大的橄榄球规则，于是不久后，他们向其他美国高校传播该规则。这就是美式足球起源的过程。

年间都是该校的学生。多年之后，他在一封信中写下了他在校时所进行的足球运动。每个学生都渴望上场，所以每支队伍的人数都会超过100人。他还写道，"这种运动的规则少而简单，但不允许任何人用手抓球，并带球跑到对方的球门。因为这是足球，而不是手球。"

在1880年的另一封信中，布洛姆阐述了橄榄球在拉格比学校起源的全过程。故事发生在1823年，有个叫威廉·韦伯·艾利斯的男孩，他在足球比赛中用手抓住了球。艾利斯不是守门员，但任何球员接球都不能违反该校足球比赛的规则。按照规则，艾利斯应得到一个任意球的机会。在他踢球或把球递给队友踢之前，对方所有的球员都不能挡人抢球。但是艾利斯一拿到球就往对方的球门跑去，并没有踢任意球。不过拉格比学校的学生都非常喜欢这个创意，所以新的运动就出现了。1845年8月28日，该规则首次写进拉格比学校的《橄榄球竞赛规则》中。此后，所有想要玩橄榄球的人都知道橄榄球的规定。

这听起来似乎很简单，但是马修·布洛姆所描述的故事就是真实的吗？这是没法核实的。因为威廉·艾利斯已经不能再向任何人说起这件事了，事实上，他在布洛姆写信之前就已经去世了，所以我们无法从他那里求证。1895年，当拉格比学校的一些学生想要求证这个故事的时候，布洛姆也已经去世了。这些学生只记得当时拉格比学校的运动与足球非常相似，后来在1820—1830年之间的某段时间，队员们开始跟着球跑动。但是，这些人始终坚信，在1830—1840年之间的某段时间之前，球员跟着球跑是犯规的。因此，艾利斯是第一个跟着球跑动的人吗？没有人能证实它的真实性，但是有人说他记得人们都把艾利斯当作在足球比赛中利用不公平优势的人。虽然关于这点也没有任何证据，但是调查的学生决定对这个故事刨根究底，并制作了一块特别的牌匾，它至今仍挂在拉格比学校的墙壁上。

威廉·韦伯·艾利斯墓前的石碑。

1879年，英国的一本杂志以拉格比学校的橄榄球比赛作为封面。

现场裁判

几个世纪以来，足球已经发展成一项伟大的体育运动，我们可以在当地球场或电视上看到它。但是，我们只需要观看近几十年的比赛就能发现足球规则的不断改变。尽管近年来足球规则少有改动，但是总体来说足球的风格、战术、速度与技巧和整体运动能力都发生了极大的积极变化。早期的现代足球被视为是绅士的运动项目，裁判只需穿着制服站在场外，只有球员发生双方不能解决的分歧时才需要裁判调解。而现在，随着球员速度越来越快，身体越来越强壮，比赛的进程也加快了。即使是裁判也需要像球员一样训练，让他们能够在正确的角度、正确的位置对特殊的球做出判断。我想20年之后的足球比赛应该也是非常有趣的。

马克·盖格

1909年，英国的足球比赛。

柏林奥运会的球场上，德国队和西班牙队的队长与裁判一起选半场。

趣味知识

一项运动是何时形成的？

一项运动只要有趣，并且能被人们喜欢就够了吗？是不是还需要一些官方的规则呢？关于很多团队运动，我们都不能肯定地说出它们出现的时间以及形成的过程。篮球就是其中一项。篮球是詹姆斯·奈史密斯于1891年发明的。当时，他在美国马萨诸塞州斯普林菲尔德的基督教青年会国际训练学校工作。奈史密斯被要求想出一种安全的、冬天能在室内进行的新型体育运动。由于幼年时经常投石子玩，所以他在此基础上，创造了篮球最早的13条规则。但是奈史密斯的这项新运动其实和中美洲的一项运动非常类似。

在系列小说《哈利·波特》中，作家J.K.罗琳创造了一项运动，名为魁地奇。巫师需要借助飞天扫帚进行这项运动。因为书迷们也非常喜欢这项运动，所以他们想出了一种不需要飞，直接在场地上进行这种运动的办法。

如果你要发明一项新的团队运动，你会怎么做呢？认真思考下页的五个问题，然后拿起球或冰球，以及所有你需要的工具，再叫上你的朋友，一起去玩吧！

在加拿大安大略省金斯敦，大学生们在玩魁地奇。

你设想的运动中**有多少队员**？

这项运动在**什么类型的场地**上进行？

这项运动应该使用什么球？**圆球、冰球还是扁平的球？**

球员在进行这项运动的时候需要穿着**特定的装备**吗？

怎样才能**得分**？

53

2014年巴西世界杯中，32强队伍中的球员面孔。

第三章

世界各地的足球

专家寄语

足球是世界性的运动

在美国和加拿大，你能看见孩子们在街上和公园里踢足球、打橄榄球、打篮球和打曲棍球。而在北美洲以外的地方，孩子们更多的只是踢足球。世界各地的孩子们都崇拜自己喜欢的球队和球员——阿根廷队的里奥·梅西、巴西的玛塔·维埃拉·达·席尔瓦、葡萄牙的克里斯蒂亚诺·罗纳尔多（也就是C罗），他们激励着年轻人努力成为更棒的球员，甚至成为球星。

马克·盖格

只要看看由国际足联和其他足球联盟举办的国际锦标赛和其他比赛的数量，你就能知道足球在全世界的覆盖范围。四年一度的国际足联世界杯和国际足联女子世界杯更是其中翘楚。

另外，国际足联每两年会举办一次U-20世界杯足球赛（20岁以下）和U-17世界杯足球赛（17岁以下），这两项赛事均包含男子和女子项目。此外，国际足联每年还会举办国际足联俱乐部世界杯，以打造最出色的职业球队。

世界上有六大足球联盟，也称六大赛区。（详细信息请见76—77页。）每一个联盟都会都拥有10—55支不同国家的球队。如果算上这些地区的锦标赛和其他比赛，足球的受欢迎程度将是显而易见的。在我的裁判生涯中，我很荣幸能够在国际足联的锦标赛和奥运会中执法比赛：2011年的哥伦比亚国际足联U-20世界杯；2012年的伦敦奥运会足球赛；2013年的摩洛哥国际足联俱乐部世界杯；2014年的巴西世界杯。能够体验不同国家的文化是件令人兴奋的事，然而，在世界锦标赛中，我们将更能体会到国家间文化的与众不同。我发现，在我所到的每一个地方，当地的人们都很自豪地向我介绍他们的城市和足球文化。

我到过的每个体育场都很大，和我在美国看到的体育场都非常相似。观众席上坐满了为他们的国家队、崇拜的英雄呐喊和欢呼的观众。在赛场上，看台上鲜明的色彩、绿茵场上奔跑的景象都是让我难以忘记的情景。毋庸置疑，足球是世界性的运动，我很庆幸能有机会感受到来自世界各地对足球的热情和喜爱。

德国女子队在庆祝她们夺得2007年女子世界杯冠军。

毋庸置疑，**足球是世界性的运动。**

内马尔率领巴西队在2016年里约热内卢奥运会上击败德国，勇夺金牌。

内马尔

欧洲很多国家和**世界上其他的国家**都有各自类似足球的传统运动，但是足球协会在英国设立唯一的官方规则之后，足球才开始流行开来。

通过口口相传，足球在世界流传开来。每个人都想带着对足球的热爱来踢球，并且希望无论走到哪里都可以踢球。因此很快地，足球风靡全世界。

大不列颠的统治

19世纪80年代，英国很多足球队开始给他们的优秀球员发放工资。这对英国北部来说是一个非常重要的举措，因为相比南部，北部有更多球员来自工薪阶层。来自伦敦富裕、上层阶层及英国南部其他地方的队员根本不需要考虑生存问题。而在北方，球队却很难说服球员放弃工作，无薪加入。

1885年夏天，足球协会同意给专业球员发放工资。这推动了人们在1888年举办全英首届足球联赛。直到今天，足球协会仍是英国主要的足球管理机构。1888年，英国足球联盟（EFL）成立，在1992年之前，它都是英国最顶尖的足球联盟。1992年，英国足球联盟顶尖的22支队伍脱离出来，组建了今天仍然首屈一指的英格兰超级足球联赛。

20世纪早期的英国女子足球。

2016年，曼联队对阵南安普敦队。

而今天的英国足球联盟就像是棒球或曲棍球的小联盟，只不过它不是英超联赛中的分会。他们行动独立，如果赢得联赛冠军，他们甚至能与英超联赛平起平坐。

英国顶尖足球队伍的球迷遍布世界，最著名的队伍可能是英国北部的曼彻斯特联队。1878年，牛顿希斯LYR俱乐部——曼彻斯特联队的前身成立，1902年以曼联之名享誉世界。曼联曾获得20次英格兰顶级联赛冠军，12次英格兰足总杯冠军。

19世纪，大不列颠及北爱尔兰联合王国（1801年由英格兰、苏格兰、威尔士和北爱尔兰组成）还未创立现代足球规则。此时，大不列颠帝国统治着世界大部分地区。实际上，在16世纪中期到20世纪中期这400年间，英格兰，即后来的英国，是实力最强的

老特拉福德球场外的雕像。

老特拉福德球场

曼联在老特拉福德球场踢球已经100多年了，老特拉福德球场自1910年2月19日成为曼联的主场。第二次世界大战期间，1941年3月11日，老特拉福德遭到德国人的轰炸，无法使用。在接下来的八年里，曼联不得不和同城对手——曼彻斯特城共用一个体育场，直到1949年8月24日老特拉福德球场再次开放。

今天，老特拉福德球场的看台以曼联的两位传奇人物命名。南看台是博比·查尔顿爵士看台，查尔顿曾带领英格兰队夺得1966年世界杯冠军。北看台是亚历克斯·弗格森爵士看台，他在1986年到2013年间在曼联执教。看台以此命名来表达对他的敬意。在执教期间，亚力克斯·弗格森爵士带领曼联赢得了13次英超联赛和5次英格兰足总杯冠军。

兹拉坦·伊布拉西莫维奇为曼联进球

1892的牛顿希斯LYR俱乐部。

德国早期的足球比赛。

1902年的法国报纸。

1905年,德国足球比赛的照片。

国家。

即使在没有被英国统治的国家,英语也在该国有着重大的影响。这不仅仅是因为英国强大的陆军和海军,更重要的原因是英国的公司与全世界都有贸易往来。从19世纪60年代到90年代,英国人遍布世界,而他们通常会在世界各地进行英国的运动。这也是今天世界上一些足球大国的足球起源。

足球是如何传播的

法国的足球史可能比英国还要悠久。最早的法国球类运动可以追溯到主教克莱蒙写于公元470年左右的书。这项球类运动与古希腊、古罗马的球类运动有些相似。

许多专家认为,追溯到1066年中世纪时期,英国和法国的足球运动存在一些联系。这时候,英国受到诺尔曼人的侵略,而诺尔曼人又是来自法国北部的诺曼底。但是,就算有联系,我们也很难证明到底是谁将足球传播给谁的。抛开传播的过程,我们可以肯定的是,在14世纪晚期,法国已经产生了类似足球的运动。但是,比起现代足球,这项运动与英国的暴徒足球更像。

1872年,英国水手将现代足球传入法国港口城市勒阿弗尔。

今天,法国最顶级的足球联盟是法国职业足球联盟,它成立于1944年,主要有两大顶级职业足球联赛,分别是法国足球甲级联赛和法国足球乙级联赛。

甲级联赛有20支队伍,乙级联赛也有20支参赛队伍。圣埃蒂安队、马赛队和巴黎圣日耳曼队是当今法国最受欢迎且最成功的球队。

19世纪80年代，现代足球传入意大利。但关于足球是如何传入意大利的，也有很多个版本。其中一个和名叫爱德华多·博西奥的意大利年轻人有关。1864年，博西奥在意大利都灵出生。长大后，他在一家英国纺织公司工作，这让他有机会在伦敦短期居住。之后，博西奥迷上了足球。在1886年返回都灵时，博西奥也带回了他最爱的足球运动。1887年，他建立了都灵足球和皮划艇运动俱乐部。随后，足球风靡意大利，到1898年，意大利已经成立了许多联盟和管理机构。今天，意大利有着复杂的足球联赛系统，包含将近600个分支和超过3000支队伍。其中顶尖的代表性联赛是意大利甲级联赛，这里有意大利最好的20支足球队。意大利在国内乃至全世界都深受欢迎的球队有来自都灵的尤文图斯队，来自米兰的AC米兰队和国际米兰队。

德国的第一支足球队由在德累斯顿生活和工作的英国人成立，并起名为德累斯顿英式足球俱乐部。该俱乐部有超过70名著名老将，曾有数百名球迷观看他们比赛。

19世纪90年代末，德国人开始在国际事务上与英国对立。尽管足球当时很受欢迎，但是德国人认为这是英国人的运动，所以并不喜欢足球。

因此，他们试图宣扬国内与足球类似的传统运动。但是，德国和英国、法国、意大

克里斯蒂亚诺·罗纳尔多

2015年，罗纳尔多在葡萄牙足球联合会成立100周年庆典上荣获葡萄牙足球史上最佳球员。他在2006年、2010年和2014年世界杯为葡萄牙国家队效力，带领葡萄牙在2016年欧洲足球锦标赛（又称欧洲杯）中夺冠。2002—2003年，罗纳尔多带领里斯本竞技以3∶1击败对手曼联。曼联因此对他印象十分深刻，并签下了他。他的转会费高达1240万英镑，创下当时青年转会费的纪录。2009年后，罗纳尔多加盟西班牙皇家马德里，曾带领马德里对阵里奥·梅西所在的巴塞罗那，双方激烈争夺联赛冠军和得分冠军，以此角逐当代最佳球员。2018年俄罗斯世界杯后，C罗转会尤文图斯，转会费高达1.12亿欧元。

克里斯蒂亚诺·罗纳尔多

罗纳尔多获得葡萄牙足球史上最佳球员。

里奥·梅西

许多球迷和足球专家都认为里奥·梅西是当代最伟大的球员。甚至有些人认为他是足球历史上最伟大的球员。梅西生于阿根廷，但他的整个足球生涯都效力于西班牙的巴塞罗那足球俱乐部。梅西创造了西甲单季最多进球的纪录以及职业进球最多的纪录，而且还是阿根廷国家队进球最多的球员。2016年夏天，梅西决定退出国家队，连阿根廷总统都挽留他。总统说，"他就是上帝赠予我们的礼物。我们这样一个足球大国，拥有世界上最优秀的球员，这是多么荣幸的一件事啊！阿根廷拥有梅西是最幸运的事情，我们非常珍惜他。"

里奥·梅西

很多人认为**梅西是世界上最伟大的足球运动员。**

利不一样，它没有太多与足球相关的故事。德国其中一个民间传说认为足球是婚礼上的一种庆祝运动，称为brautball，代表着捧花（brideball）。但遗憾的是，现在已经没有任何资料能解释这项运动是如何进行的。

今天，德国的足球体系比意大利的还要庞大。最顶尖的德国联赛是德国足球甲级联赛（属于联邦联盟），德甲有18支队伍。其中最著名的是拜仁慕尼黑足球俱乐部，它是德国获得联赛和国家杯最多奖项的球队。

第一个将足球带入葡萄牙的是在英国学习的葡萄牙学生。1875年，葡萄牙首次有组织的足球比赛在马德拉岛举办。19世纪初期，英国曾短暂地统治过马德拉岛，帮助葡萄牙对抗法国。尽管这次和平的统治于1814年结束了，但是英国、葡萄牙和马德拉之间仍保持着友好的往来。

哈利·辛顿的父亲是英国人，母亲是马德拉人。辛顿生于葡萄牙岛，但是在英国上学。带着足球回葡萄牙之后，他成为1875年葡萄牙首次足球比赛的组织者之一。

今天，葡萄牙的顶级联赛是葡萄牙足球超级联赛，有18支队伍。联赛始建于1934年。

葡萄牙最好的足球俱乐部，也称三大巨头，分别是来自里斯本的本菲卡足球俱乐部、葡萄牙体育足球俱乐部和来自波尔图的波尔图足球俱乐部。自葡萄牙足球超级联赛成立以来，除了两届葡萄牙锦标赛冠军，这

皇家马德里的塞尔吉奥·拉莫斯头球破门得分。

西甲赛场上，巴塞罗那队对阵皇家马德里队。

三者包揽了所有奖项。

西班牙的首支足球队并不是由足球运动开始的，而是开始于西班牙韦尔瓦的英国挖矿工人，他们为了呼吸新鲜的空气，常常需要到地面上运动。1889年12月23日，在圣诞节之前，两位来自苏格兰的医生创造了这支球队。他们自称为韦尔瓦娱乐俱乐部。现在，韦尔瓦娱乐俱乐部仍是皇家娱乐俱乐部旗下的一支足球队。

一张1922年左右的明信片，上面的图案为塞维利亚足球俱乐部。

仅仅几周之后的1890年1月25日，在距离韦尔瓦97千米以外的塞维利亚小镇上，生活在当地的一群英国商人成立了塞维利亚足球俱乐部。这个俱乐部的第一场比赛于2月1日在赛马场上举行，人们在场上画好边界线并设立了球门。接下来，越来越多的球员上场踢球。当知道韦尔瓦足球俱乐部之后，塞维利亚足球俱乐部的成员写了一封信给韦尔瓦的矿工，邀请他们组队前来塞尔维亚参加足球比赛。

巴西足球传奇人物贝利在1966年世界杯赛场上，该场比赛为巴西队对阵保加利亚队。

史上最佳球员

　　大多数人都认为足球史上最伟大的球员是出生于巴西贫穷家庭的埃德森·阿兰特斯·多·纳西门托，他的另一个名字——贝利更为人们熟悉。贝利的父亲也是一名足球运动员，他从小跟着父亲学踢球。但贝利家境贫穷，家里没有足球，所以他常常用报纸塞满葡萄柚或者袜子来当作足球。后来因为出色的足球表现，在1956年，年仅15岁的贝利就与桑托斯足球俱乐部签约了。16岁时，贝利加入了巴西国家队；17岁首次出战1958年世界杯就赢得了冠军。从1956年到1977年，在他的职业生涯期间，贝利一共出场了1363场比赛，进球1283粒，创造了历史纪录。

贝利穿着纽约宇宙队的制服。

短短几年，英国水手和在英国上过学的西班牙人也相继在西班牙成立足球队。到了1900年，西班牙现有的队伍已经可以组成足球联赛。

今天，西班牙最高等级的足球联赛是西班牙足球甲级联赛，简称西甲。1929年开始，有10支队伍参赛；到1997年，参赛队伍增至20支。西班牙最好的两只队伍是皇家马德里足球俱乐部和巴塞罗那足球俱乐部。在西甲历史上，超过一半的冠军都由这两队摘得。同时，它们也是世界上最著名的两支队伍。当两队对战的时候，前来观看的球迷挤满了体育场，还有上百万的球迷守在电视机前。只要皇家马德里对阵巴塞罗那，这场比赛就会被称经典之战。

1867年，阿根廷有一个大型的英国社区，很多英国人聚集在阿根廷的首都布宜诺斯艾利斯。他们大多数都是来到南美阿根廷的英国铁路公司的经理和工人，和其他到往世界各地的英国人一样，来到阿根廷的英国人也给这个国家带去了足球这一项运动。

1864年，布宜诺斯艾利斯板球俱乐部的场地对外开放。三年之后，1867年6月20日，阿根廷的第一场足球比赛在这里举行。之后，足球在英国人和移民到阿根廷的欧洲人中迅速风靡开来。直到1891年，英国人在阿根廷成立了第一个联盟，1893年又成立了另一个；这两个联盟存留至今。但是，当时这些联盟的队伍不允许当地人加入。直到1899年，一群高中生成立了第一支阿根廷足球队，名为阿根廷基尔梅斯，这支阿根廷足球队至今仍存在。

今天的阿根廷有超过450支足球球队，它们分别属于阿根廷足球协会的八大不同分支。最高等级的是阿根廷甲级联赛，拥有30支队伍。足球史上许多伟大的球员都诞生于阿根廷，但阿根廷最好的球员都加入了欧洲的足球俱乐部。

阿根廷的甲级联赛现场。

数字世界杯

年份	冠军	比分	亚军	主办方	参与国家数	比赛场数
1930	乌拉圭	4-2	阿根廷	乌拉圭	13	18
1934	意大利	2-1	捷克斯洛伐克	意大利	16	17
1938	意大利	4-2	匈牙利	法国	15	18
1950	乌拉圭	•	•	巴西	13	22
1954	联邦德国	3-2	匈牙利	瑞士	16	26
1958	巴西	5-2	瑞典	瑞典	16	35
1962	巴西	3-1	捷克斯洛伐克	智利	16	32
1966	英国	4-2（OT）	联邦德国	英国	16	32
1970	巴西	4-1	意大利	墨西哥	16	32
1974	联邦德国	2-1	荷兰	联邦德国	16	38
1978	阿根廷	3-1（OT）	荷兰	阿根廷	16	38
1982	意大利	3-1	联邦德国	西班牙	24	52
1986	阿根廷	3-2（OT）	联邦德国	墨西哥	24	52
1990	联邦德国	1-0	阿根廷	意大利	24	52
1994	巴西	0-0*	意大利	美国	24	52
1998	法国	3-0	巴西	法国	32	64
2002	巴西	2-0	德国	日本、韩国	32	64
2006	意大利	1-1°	法国	德国	32	64
2010	西班牙	1-0（OT）	荷兰	南非	32	64
2014	德国	1-0（OT）	阿根廷	巴西	32	64
2018	法国	4-2	克罗地亚	俄罗斯	32	64

备注：•决赛是四支球队的循环赛。 *巴西在点球大战中以3-2取胜 ° 意大利在点球大战中以5-3取胜 （OT）加时

国家排行榜

球队	冠军	亚军	球队	冠军	亚军
巴西	5	2	英国	1	0
德国	4	4	西班牙	1	0
意大利	4	2	荷兰	0	3
阿根廷	2	2	捷克斯洛伐克	0	2
乌拉圭	2	0	匈牙利	0	2
法国	2	1	瑞典	0	1

关于世界杯的酷知识

英格兰球员杰夫·赫斯特是唯一一个在世界杯决赛（1996年）中上演**帽子戏法**的男球员。

巴西是唯一一个参加了**每一届世界杯**的国家。

迄今为止，在世界杯超过700场的比赛中，球员只有**50次成功上演帽子戏法**（一次比赛中一名队员3次将球踢进对方球门）。

阿根廷球员**加布里埃尔·巴蒂斯图塔**是唯一一个在两次世界杯（1994，1998）上演**帽子戏法**的球员。

在一届世界杯只有三名球员成功做到**两次帽子戏法**，他们是：桑德尔·科西斯，匈牙利（1954）；朱斯特·方丹，法国（1958）；格尔德·穆勒，德国（1974）。

加布里埃尔·巴蒂斯图塔

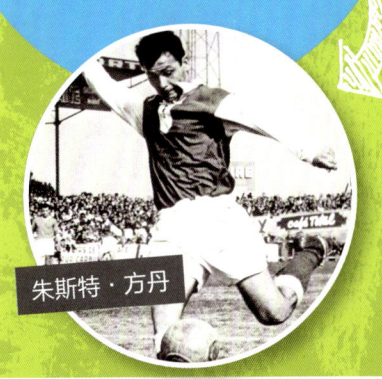

巴西球员贝利是唯一一个**三次赢得世界杯冠军的球员**（1958、1962和1970）。

朱斯特·方丹

67

1893年，来自苏格兰巴斯比的托马斯·多诺霍前往里约热内卢，也把足球带到了巴西。多诺霍是纺织厂的染料专家，也是一位出色的苏格兰足球运动员。刚到里约热内卢的时候，多诺霍就很想组建一支足球队。

但是在巴西，他甚至连足球都找不到。于是，多诺霍写信回家，让家人给他寄足球和球鞋。多诺霍在临近班固市的一家工厂里工作，等到他想要的物品都寄来后，他就在工厂旁边标出了足球场的边界。然后，他到其他工人的家里广招队友。最终，多诺霍说服了九个人一起组队，1894年4月，他们进行了一场5对5的足球比赛。

在巴西，人们普遍认为："英国人使足球现世，巴西人使足球完美。"英式足球是正式和规范的，但是随着巴西人学会了足球，他们形成了自己的风格，而且更加注重动作和个人技巧。1888年，巴西废除奴隶制，成为西方世界最后一个废除奴隶制的国家，所以这里仍充斥着很多种族主义。多诺霍在有多元化种族的工厂工作，号召厂内的工人一起踢足球。但是巴西所有的早期足球比赛都是英国上层阶级的队员遗留下来的。不过其他人和以前身为奴隶的人都可以看到足球比赛是多么有趣，于是他们也开始自己踢足球。1904年，巴西第一家竞技俱乐部在班固成立，班固竞技俱乐部成为巴西第一支排除种族因素来挑选球员的俱乐部。

今天巴西的顶级足球联赛是巴西足球甲级联赛，简称巴甲。巴甲于1959年成立，由巴西最好的20支球队组成。近几年，巴西表现最好的队伍是科林蒂安和圣保罗。但传统上，人们仍然认为最好的队伍是桑托斯足球俱乐部和帕尔梅拉斯。这些球队都在圣保罗。

巴西足球甲级联赛中，圣保罗的球员对托卢卡球员的直接任意球进行防御。

世界杯风靡世界

1870年到1872年，英格兰和苏格兰举办了第一场跨国足球比赛。

随着足球传遍世界各个角落，国家间举办国际比赛的兴趣也与日俱增。尤其在欧洲，国家间的距离不远，乘坐火车拜访邻国非常方便。当时还没有飞机，乘船渡过海洋可能需要一周甚至更长的时间。

20世纪早期，欧洲国家的足球协会开始看到一个大型足球管理机构的价值，它既能组织国际比赛，又能确保比赛的公平性。1904年5月21日，国际足球联合会在法国巴黎成立。创始国有七个国家，分别是比利时、丹麦、法国、荷兰、西班牙、瑞典和瑞士。今天，国际足联有211个成员，比联合国的成员还要多。现在国际足联的总部设在瑞士，但是仍然沿用了国际足联的名称，传承了优秀的声誉。

国际足联建立的目的是举办国际足球比赛。国际足联承办了世界上所有的锦标赛，包括男子锦标赛、女子锦标赛和青少年锦标

2016年墨西哥国际足联大会开幕式。

踢球求生

在成为南非总统之前，纳尔逊·曼德拉曾在监狱服刑27年。他因为反对种族隔离、支持人权运动而被捕入狱。

1964年，曼德拉被转移到臭名昭著的南非罗本岛监狱。那时候足球是囚犯唯一喜欢的放松方式，但是想踢球可一点儿也不容易。很多囚犯因为请求踢球而被虐打或挨饿。开始，囚犯们偷偷地踢足球。他们用纸张、卡片和破布制成足球，在牢房里静悄悄地踢。当可以在外面踢球时，他们就组织球队和联赛，这样的情况持续了好几年。足球给他们的生活带来了希望。曼德拉后来回忆道，"足球不仅仅是足球，尽管我们知道自己的处境，但是足球赋予我们的激情、热情和奉献精神，让我们感受生活，感受胜利。"

纳尔逊·曼德拉

半决赛上，乌拉圭队以2：1打败荷兰队

1924年巴黎奥运会的足球半决赛。

赛等。其中最盛大的赛事就是四年一度的世界杯。

第一届世界杯

足球世界杯是世界上最盛大的单项体育赛事，甚至比超级碗大赛还要壮观。只有拥有众多赛事的奥林匹克运动会才能和世界杯一样吸引到那么多的观众。近几届世界杯都吸引三百多万名球迷前往举办国观看，座无虚席。2014年巴西世界杯创造了新的观看记录，超过十亿人通过电视和手机至少观看了几场比赛。在2010和2018年间，超过34亿人通过电视观看了足球世界杯的比赛视频。

然而，世界杯并不总能吸引到那么多的观众。实际上，在1930年，第一届世界杯举办的时候，当时的足球超级大国都没有派队伍前往举办国参赛。最开始的国际足球锦标赛是作为1900—1920年间的奥运会比赛项目来举办的，但都没有很成功。直到1924年巴黎夏季奥运会上，有来自世界各地的22个国家参加了奥运会的足球锦标赛，这是第一次有欧洲和北美洲以外的国家派足球队来奥运会参赛。总决赛上，南美洲的乌拉圭队以3：0大胜欧洲的瑞士队，夺得金牌。那时候体育馆人山人海，有5~6万名球迷在现场观看比赛。但即使是这场锦标赛也没有获得圆满成功。因为当时，奥运会体育项目只有业余运动员才能参加，他们都是无偿参赛的，

主场优势

马克·盖格

俄罗斯建造的世界杯体育场。

和奥运会一样，每届世界杯都会有很多国家申办。申办的方式是每个国家发表申请演讲，就像你在学校教室里做演讲一样。每个申请国都要向国际足联会阐述在本国举办世界杯的理由。在他们的演讲中，将要描述比赛时所用的体育馆和体育设施，说明如何解决上亿人前来现场观看世界杯所带来的一系列问题。组委会将提前几年宣布世界杯的举办国家，好让举办国有时间做好准备工作。承办世界杯需要投入大量的财力、人力和物力。为了迎接世界杯，承办国将新建或改善体育馆和训练设施，完善基础交通设施，包括公路、铁路和机场等。同时，也要加快住宿建设以保证世界杯期间人人居住无忧。这些项目可能要花费数十亿美元！

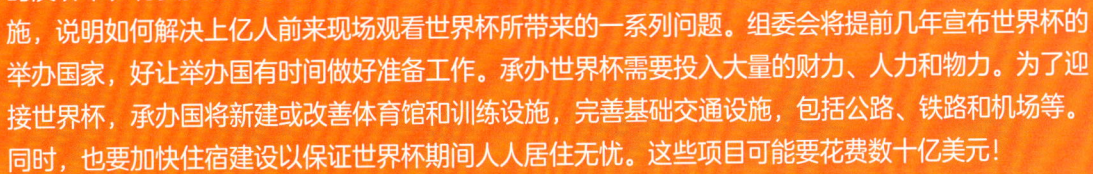

但是，每个国家都认为这些付出是值得的，因为一旦世界杯开赛，大量的金钱就会回流到本国经济中。

而专业运动员则不被允许参赛。在1908年和1912年的奥运会上，英国国家业余队均赢得了金牌，但是他们决定不参加1924年的巴黎奥运会，因为英国所有的顶尖足球运动员都是有偿参赛的。

尽管如此，1924年奥运会的足球锦标赛还是给了国际足球联合会主席儒勒斯·雷米特极大的鼓舞。雷米特在从小在巴黎长大，于1921年成为国际足联主席。他非常希望举办一场国际足球锦标赛，并且邀请最好的选手来参加，不论是否需要给他们支付薪资。为此，他花了很多年来说服国际足联的成员们。终于，在1928年5月26日，国际足联同意创办世界杯大赛。而第一届世界杯将于1930年7月举行。

当时，有六个国家申请主办世界杯的开幕式，其中五个在欧洲，它们分别是意大利、匈牙利、荷兰、西班牙和瑞典。乌拉圭也是六个申请国之一，而且它认为自己是最当之无愧的。因为乌拉圭在1924年和1928年奥运会上均赢得足球金牌。最重要的是，1930年是乌拉圭宣布独立的一百周年。百年庆典早已着手准备，承办世界杯将为庆典锦上添花。最终，国际足联同意乌拉圭承办第一届世界杯。世界杯所有赛事将在乌拉圭首都蒙得维的亚举行。人们翘首以待

71

早期的奥运会足球

1896年举办的第一届奥运会并没有足球比赛，直到1900年的巴黎奥运会才第一次设有足球锦标赛，且规模很小。当时只有三支球队参加，且全程只有两场球赛！第一场是代表大不列颠的来自英格兰的阿普顿公园队以4：0打败法国巴黎俱乐部队。第二场比赛由巴黎俱乐部队以6：4打败比利时的布鲁塞尔大学队。虽然那时没有金牌奖励，但是放在今天，就等于是英国荣获金牌，法国荣获银牌，比利时荣获铜牌。而在某种程度上，1904年美国密苏里州的圣路易斯举办的奥运会上，足球锦标赛的规模更加小。同样是只有三支球队参赛，但是其中有两支队伍是来自圣路易斯。加拿大的加尔特足球俱乐部分别以7：0打败美国圣路易斯基督兄弟学院、4：0战胜美国圣路易斯玫瑰校区学校队，勇夺金牌。1908年伦敦奥运会首次允许国家足球队参与角逐奥运会足球奖牌。

1908年奥运会上，英国队对阵丹麦队。

今天的奥运足球

1984年的洛杉矶夏季奥运会首次允许专业足球运动员参赛。在那之后，国际足联为了确保世界杯是世界上最好足球赛事的地位，以至奥运会不得不做出妥协。在男子比赛中，各个国家必须派出较年轻的队伍参赛，并且每队只允许3名队员超过23岁。1996年美国佐治亚洲的亚特兰大夏季奥运会是首个设有女性运动员参加奥运会足球锦标赛的赛事。美国女足分别于1996年、2004年、2008年和2012年夺得冠军，于2000年获得亚军。加拿大女足在近两届奥运会，即2012年和2016年的奥运会赛场上赢得铜牌。参加奥运会的女足运动员没有任何限制。

2012夏季奥运会，美国女子足球队庆祝获得金牌。

2012年夏季奥运会，加拿大和法国争夺铜牌。

72

首届世界杯的到来，但问题也紧随其后。1929年10月，美国股市大跌，世界经济进入大萧条时期。

当时，全世界都处于经济最萧条的时期，很多想要加入首届世界杯的国家都认为，比起支持国家足球队跨洋参赛，财政资金应该用在更重要的事情上。最后，第一届世界杯只有12支队伍来自国外，其中六支分别是：阿根廷、玻利维亚、巴西、智利、巴拉圭和秘鲁，它们都是相邻的南美洲国家。只有四支队伍来自欧洲，它们是：比利时、法国、罗马尼亚和南斯拉夫。而北美洲，美国和墨西哥派队参加了，加拿大并没有参加。

乌拉圭和阿根廷在决赛中相逢是两国人民所希望的。因为这两国既是邻国，又互为强劲的对手。自从1928年奥运会上被乌拉圭打败、痛失金牌之后，阿根廷正翘首以待一场翻身战。决赛时，有十艘特别的轮船在岸边停泊准备载送阿根廷的球迷前往乌拉圭观赛，但显然，这些船只是远不能载完所有球迷的。所以，阿根廷有1~1.5万名球迷自制了船只前往乌拉圭，但是在6月30日下午2：15，即决赛开始之前，蒙得维的亚的港口已经拥挤堵塞，难以再靠岸。而体育场的大门也在早上八点多就对外开放，提前了六个多小时。到了中午，体育场就已经爆满了。官方显示的观众人数是93,000人。

乌拉圭与阿根廷的对战到底有多火爆呢？双方甚至决定不了比赛时应该用哪方的球！最终裁判决定上下半场使用不同的比赛

美国！美国！美国！

1930年7月17日，贝尔特·帕特纳乌德在对阵巴拉圭的比赛中连进三球，成为世界杯史上第一个上演帽子戏法的球员。但是在将近76年之后，这位美国球员的壮举才得到承认。虽然当时美国以3：0战胜巴拉圭，但是第二个进球存在争议。美国足球联合会把这个球判给帕特纳乌德，但是国际足联却把这个球判给他的队友汤姆·弗洛里。还有记录表明那是巴拉圭的一名球员进了乌龙球。不过帕特纳乌德始终相信那一球是他自己进球得分的，正如他的儿子所说："他不是那种会冒认别人功劳的人。"帕特纳乌德于1974年11月4日去世，那时候他的帽子戏法还没有得到官方的认可。直到2006年11月10日，经过长时间的调查，国际足联才改了裁决，最终宣布帕特纳乌德上演过帽子戏法。

1930年世界杯的美国足球队。

贝尔特·帕特纳乌德

将近76年之后，这位美国球星的壮举才得到承认。

世界杯奖杯，大力神杯由18K黄金制成。

2010年西班牙庆祝世界杯夺冠。

用球，接着，通过抛硬币的方式决定出上半场使用阿根廷的足球，下半场使用乌拉圭的足球。赛场上，结果才是最重要的，阿根廷在上半场以2∶1领先，但是乌拉圭却在下半场以4∶2反超取胜。

世界杯的现行机制

世界杯每四年举行一次，期间进行为期一个月的赛事，且通常在六月或七月举行。国际足联现有211名成员，但是只有32个国家能派队伍出征世界杯（到2026年将增至48个国家）。那么，要怎么决定出哪些国家可以前往参赛呢？

从第一届世界杯开始，东道国就一直可以直接获得参赛名额。过去，卫冕冠军也能直接晋级。但是现在，除了东道国外，剩下的31个国家必须通过一系列的预选赛才能获得世界杯的参赛名额。世界杯预选赛在全世界举行，分为六大赛区。预选

东帝汶参加2018年世界杯资格赛。

赛两年举办一次，常在一届世界杯结束后一年、下一届世界杯开始前三年举行。以2018年俄罗斯世界杯为例，共有208个国家参加了超过800场预选赛。

预选赛决胜出32个参赛国家的名额之后，世界杯开始进行小组赛。这些球队被分成八个小组，每组四个队伍。国际足联按照比赛得分给这些国家队排位，再根据排位把世界顶尖的球队分散到不同的小组中。剩下的队伍随机分配，但是为了保持平衡，也有基于地理位置的分配规则。

一旦小组确定，世界杯就开始循环赛制。即一支队伍要与同一小组的其他三支队伍进行对抗赛。从1994年开始，球队每赢一场，获得三分，平局一分，输则不计分。在小组赛结束之后，分数排在前两名的队伍晋级，后两名则遭淘汰。如果在小组积分榜上出现并列的两队，则根据进球数量和失球数量决定去留。

第二轮世界杯比赛常被称为16强，因为这16支队伍已经取得了骄人的成绩。在这一轮，一组第一名对阵另一组的第二名。由此开始世界杯淘汰赛，只有赢的队伍才能留下，一旦输掉比赛就要出局。接着，八支队伍来到四分之一决赛，再角逐出四支队伍进行半决赛。之后，半决赛落选的两支队伍进行铜牌争夺赛。而胜出的最后两支队伍来到决赛，争夺世界杯冠军。

A+裁判

马克·盖格

参加世界杯的过程中，裁判和球员的经历相差无几。在下一届世界杯开始前的两年，50~60名裁判和他们的助理裁判将会被从世界各地遴选加入世界杯项目。这些裁判就像去上学一样，一起出席研讨会。他们聚在一起讨论《足球竞赛规则》条文的解释和实施。目的是让所有裁判的判断一致，形成世界杯判罚的统一性和一致性。在研讨会上，球员会模拟比赛情况，进行练习赛，裁判则进行标记和评分。最后，裁判要进行对犯规、越位的视频测试和书面考核，以检查他们对《足球竞赛规则》的掌握程度。除了研讨会，组委会还要对裁判执法的所有比赛，包括国内赛和联赛进行评估。且每个裁判都要参加世界杯前一年的国际足联锦标赛。上面所有的考核将有助于角逐出谁是世界上最好的裁判，再挑选出参加世界杯的裁判。

针对训练主裁判和助理裁判进行的国际足联练习赛。

世界杯六大赛区

国际足联把世界分为六大足球赛区或六大联合会。这主要基于地理位置的划分，每个联合会都可以举办区域内或国际水平的比赛。此外，每个联合会内部还会举办特别的锦标赛来竞选出参战世界杯的资格。

亚洲足球联合会

亚洲足球联合会（AFC）于1954年5月8日在菲律宾马尼拉成立，总部设在马来西亚吉隆坡。其主要职能是负责管理亚洲区足球事务，举办各项国家级及俱乐部级赛事，包括协助国际足联举行世界杯预选赛及4年一度的亚洲杯。

日本和韩国是亚洲赛区的霸主，但在2019年举行的亚洲杯中，卡塔尔夺得了冠军。

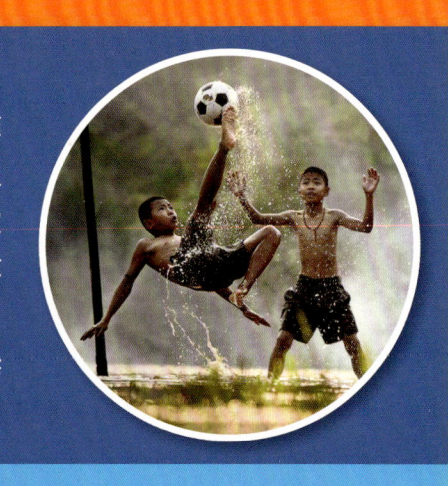

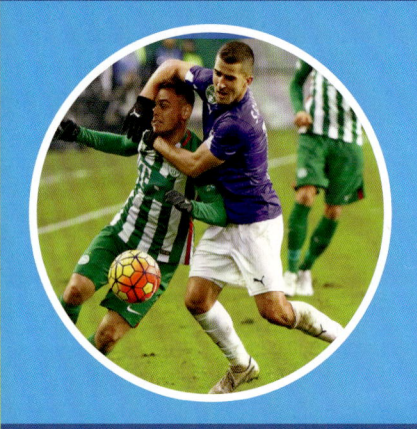

大洋洲足球联合会

大洋洲足球联合会（OFC）于1966年成立，由澳大利亚、新西兰及斐济共同创办。大洋洲国家杯是一项每两年由大洋洲足协举办的国际性足球锦标赛，属于大洋洲区内最高级别的国家级赛事，参赛球队必须是大洋洲足协成员国。

欧洲足球联合会

欧洲足球协会联盟（UEFA）于1954年6月15日在瑞士巴塞尔成立，成立时总部设于法国巴黎，1959年移往瑞士伯尔尼。由于世界上许多顶尖球员因为欧洲俱乐部的高薪而齐聚于欧洲（尤其是西班牙、德国、英格兰、意大利、法国等国俱乐部），使得欧足联在世界上的影响力、财富及权力也是高居六大足联之首。

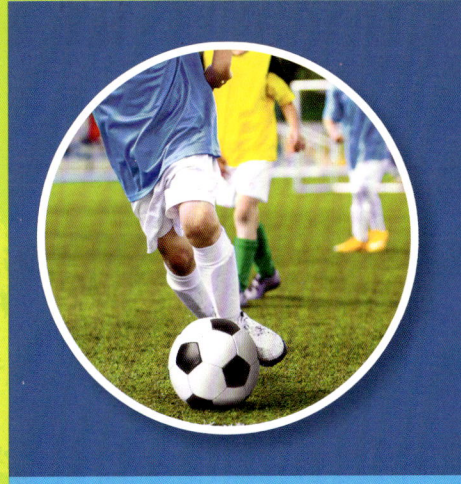

非洲足球联合会

非洲冠军联赛是一项每年一度举行的非洲足球俱乐部最高荣誉的国际性足球赛事，由非洲足球联合会（CAF）负责管辖，于1964年举办首届赛事。由2006年开始，冠军队伍可以代表非洲参与年尾举行的国际足联俱乐部世界杯。

2010年，南非成为首个举办世界杯的非洲国家。

中北美洲及加勒比海足球协会

中北美洲及加勒比海足球协会（CONCA-CAF）于1961年成立，由原来的北美洲足球协会和中美洲及加勒比海足球协会合并而来。该赛区主要赛事有美洲金杯、美洲女子金杯、中美洲国家杯（UNCAF Nations Cup）、中美联赛冠军杯、加勒比海杯、中北美洲及加勒比海联赛冠军杯。

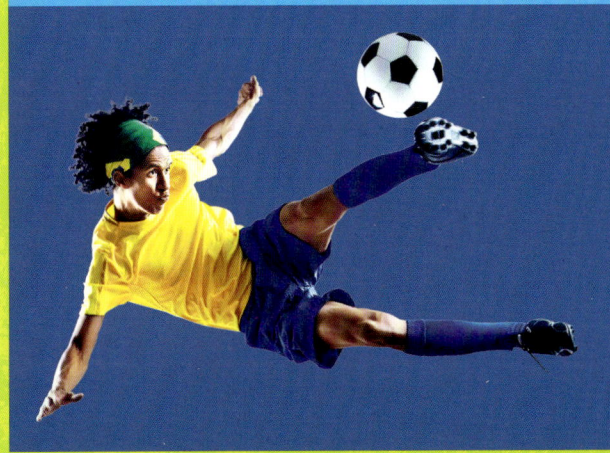

南美洲足球联合会

南美洲足球联合会（CONME-BOL）成立于1916年7月9日。目前南美洲足球联合会也是六大洲足协中平均素质最佳的，所有会员国中除了委内瑞拉外，其余国家均曾经打进世界杯足球赛决赛阶段的比赛。

趣味知识

19世纪60年代到90年代，在足球向世界各地传播的同时，棒球也正成为美国的全民体育活动。而同时期的加拿大，曲棍球已经发展成为全国性的运动。世界上首个足球联盟于1885年在英国成立，你可以把右边的年份和左边的表述正确匹配吗？

1. 被称为"红魔"的国家队是哪个？
2. 第一个获得世界杯冠军的球队是？
3. 第一个连续两次获得世界杯冠军的球队是？
4. 首届欧洲足球锦标赛的举办地是？
5. 被称为"三狮军团"的国家队是哪个？
6. 世界杯上进球最多的球员是哪国人？
7. 2018年世界杯首个帽子戏法是哪支球队打进的？
8. 2022年世界杯的举办地是哪个国家？

a. 卡塔尔
b. 乌拉圭
c. 意大利
d. 英国
e. 葡萄牙
f. 比利时
g. 德国
h. 法国

答案：1.f 2.b 3.c 4.h 5.d 6.g 7.e 8.a

官方数据显示，1930年**第一届世界杯决赛**的现场观众人数是 **93,000**。相比之下的早期美国的冠军赛是什么样的呢？你知道吗？接下来我们一起来看看吧！

第一届棒球世界大赛（1903年）共 **100,429** 人到现场观看了八场比赛（平均每场观众人数为 12,554）

第一个橄榄球年度冠军赛（1933年）现场观众人数为 **26,000**

第一届超级碗大赛（1967年）现场观众人数为 **61,946**

世界杯单场比赛现场观众人数最多的纪录是 **173,850 人**，这场比赛是1950年7月16日巴西对阵乌拉圭的决赛。现在，我们再来比较一下美国其他的冠军赛吧！

印第安纳波利斯500英里大奖赛，官方没有公布数据。（印第安纳波利斯赛道可容纳250,000人）

2015肯塔基德比赛马会，丘吉尔唐斯赛马场，现场观众多达170,513人。

第14届超级碗（1980年）在玫瑰碗体育场举行，决赛洛杉矶公羊对阵匹兹堡钢人，现场观众达103,985人。

1959年世界职业棒球大赛，在洛杉矶体育馆举行，当时洛杉矶道奇队对阵芝加哥白袜队，观众达92,706人。

1950年世界杯决赛的现场座无虚席。

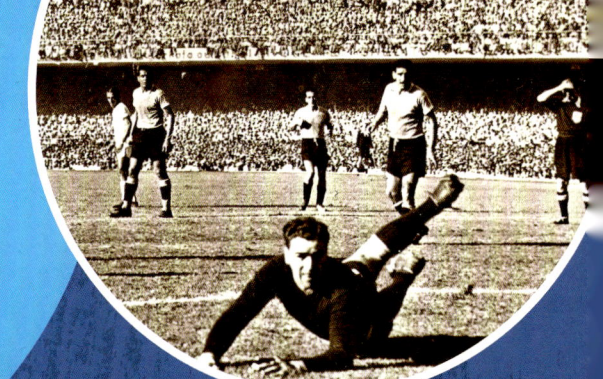

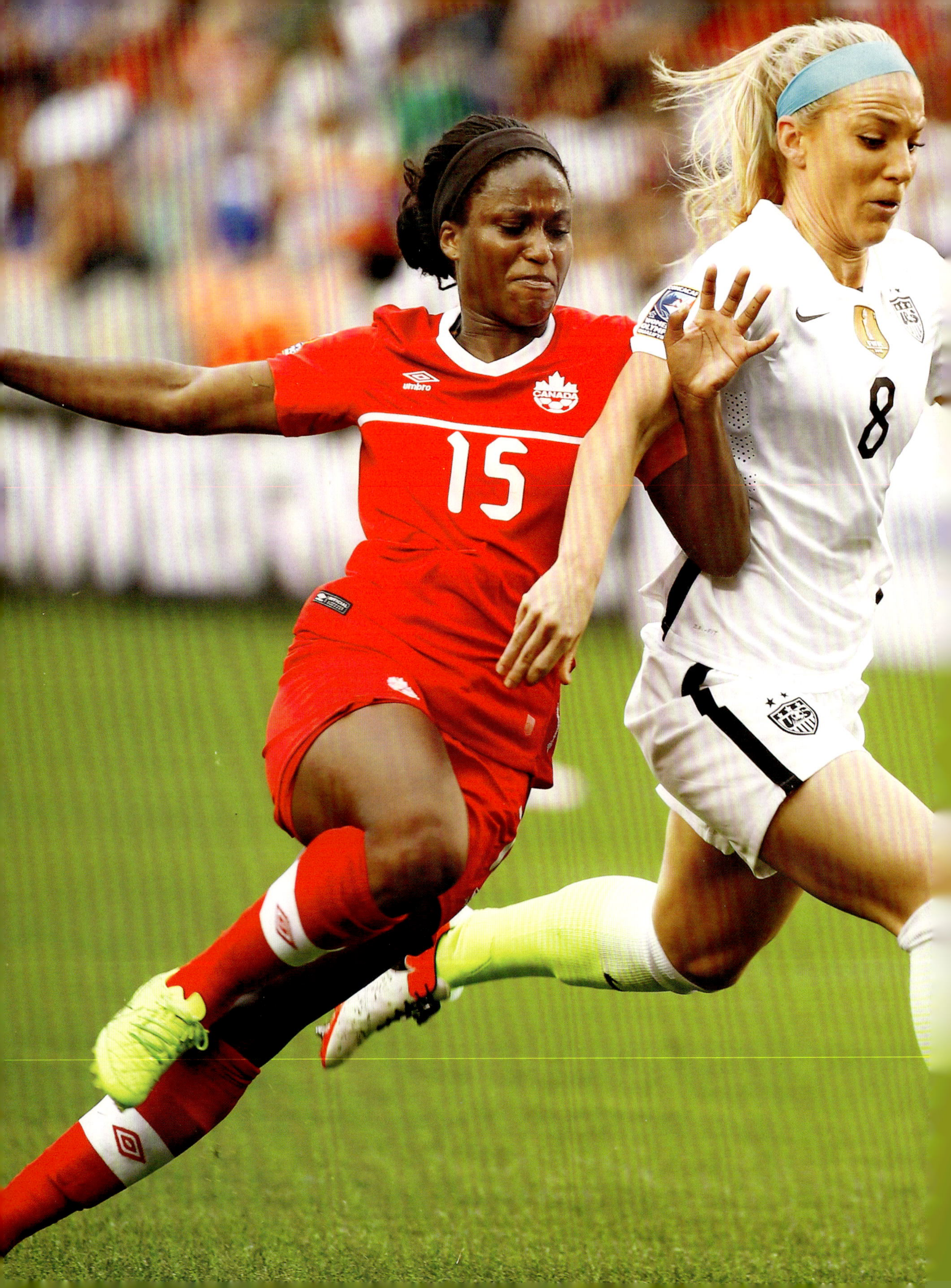
umbro
CANADA
15
8

第四章
北美的足球

2016年奥运会女子足球中北美及加勒比海地区预选赛中，美国选手朱莉·约翰斯顿（8号，现名朱莉·厄兹）与加拿大选手妮切尔·普林斯争球。

专家寄语

虽然足球是一项世界性的运动，

但是它在北美的魅力常常被其他运动掩盖。在北美洲，通常都是美式橄榄球、棒球、篮球和曲棍球主导了门票销售、产品销售和电视收视率。然而，近年来，这种情况开始发生转变。

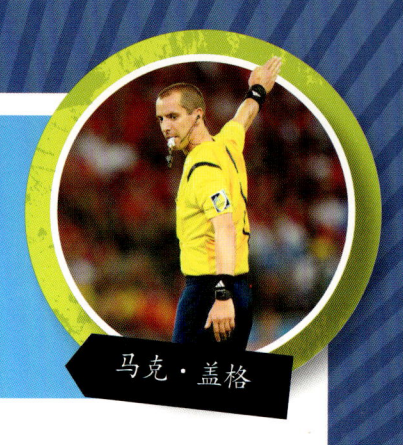

马克·盖格

过去有一段时间，足球深受美国体育球迷的喜欢。从1968年到1984年，美国曾经有过专业的足球联盟——北美足球联赛（NASL）。当时像巴西传奇贝利和德国伟大的球员弗朗茨·贝肯鲍尔这样的国际球星都曾在美国和加拿大的球场上比赛，但是这个联盟并没有存在很长时间。1984年，随着北美足球联赛的解散，足球在美国的受欢迎程度再次下降。直到1994年世界杯，美国球迷对足球的热情又重现并上升。

1994年，美国承办世界杯，美国民众以一种盛大的方式重新认识足球。世界各地的球迷涌现在美国的街头。球迷们展示着对体育的热情，对球队和球员的喜爱和对国家的自豪。这股热情，伴随着美国国家队的骄人成绩，点燃了美国球迷内心对足球的热情。有着这份动力和精神，美国职业足球大联盟（MLS）于1996年成立。

美国职业足球大联盟成立初期的规模很小，根本不能和北美的其他运动联盟相提并论。那时候全美只有10支足球队伍，很多队伍都要和美国橄榄球联盟的球队共用一个球场。但是现在，美国职业足球大联盟的大多数俱乐部都有自己专属的足球场。这些场地虽然不能容纳很多球迷，但是它拉近了球迷和赛场的距离。这有利于联盟的发展，让他们可以在新的城市发展更多球队，吸引更多的球迷，也能打造更强大的对手。

球员薪资的提高，让美国和加拿大的好球员可以留在国内踢球。高薪资也有助于引进处于巅峰时期的国际球员。现场观众的人数和电视的播放率也逐年增加，美国职业足球大联盟的比赛更是在170个国家直播。

显然，足球已经真正地来到了美国。足球在美国的受欢迎程度仍在持续增长，我们一直期待着足球20年之后将会走向何处。也许足球会成为北美的第一运动，就像它在世界其他地方的影响一样。

美国职业足球大联盟成立初期的规模很小，根本不能和北美其他运动联盟相提并论。

纽约城足球俱乐部的大卫·比利亚射门得分。

如果没有**美国职业橄榄球大联盟**，美国还会有**超级碗**吗？

或者说，如果没有美国职业棒球大联盟，还会有世界大赛吗？我们难以想象。如果没有联盟参加比赛，又怎么会有大联盟冠军呢？

世界杯比任何联赛都要盛大，但是在国际足联宣布1994年由美国承办世界杯时，美国国内没有联盟就成了一个问题。当时，美国即将举办世界上最大的足球比赛，但国内却没有一个主要的职业联盟。于是，国际足联提出了条件，如果要主办世界杯，美国足球协会（简称美国足球，负责监督美国所有足球）就必须要建立一个新的联盟。这就是美国职业足球大联盟产生的契机。

美国职业足球大联盟

美国职业足球大联盟（MLS）是美国和加拿大最高级别的职业足球联盟。1996年，美国职业足球大联盟成立之初，当时只有10支队伍。到了2015年队伍数量翻倍，拥有20支队伍，其中17支来自美国，3支来自加拿大。2017年，美国职业足球大联盟又新增了2支美国队伍。到2018年，又添进一队。预计到2020年，美国职业足球大联盟成立的队伍将扩大到24支。

美国职业足球大联盟的赛季从三月到十月，每支赛队都有34场比

1号球迷！#1

1994年世界杯决赛，玫瑰碗体育场上挤满了观众。

首届美国职业足球大联盟比赛，圣何塞地震队对战华盛顿联队。

赛。季后赛在十一月和十二月举办。最终获胜的队伍将获得大联盟杯。

每年夏季，美国职业足球大联盟还会举办全明星赛。自2005年开始，美国职业足球大联盟全明星赛会从全联盟中的球员中选出最好的阵容组成一支队伍，与欧洲的顶尖球队比赛。

1996年4月6日，美国职业足球大联盟开始了第一季度的比赛。虽然当时联盟内只有10支队伍，但是美国球迷已经对一些名字非常熟悉了，因为这些队伍的成员都是1994年世界杯国家队的足球英雄。诸如马塞洛·巴尔博亚、约翰·哈克斯、科比·琼斯、阿莱克西·拉拉斯、托尼-米奥拉、乔-麦克斯·摩尔、塔巴雷·拉莫斯以及埃里克·韦纳尔

托尼·梅奥拉

门将梅奥拉是美国历史上最好的球员之一。从1988年到2006年，18年间，他为国家队出战100次。梅奥拉曾参加了1990年、1994年和2002年的世界杯。从1996年联盟第一赛季起步，梅奥拉就开始在美国职业足球大联盟的职业生涯。梅奥拉效力于纽约/新泽西都会之星俱乐部（今为纽约红牛），他做到了9次单季封杀。他表现最好的赛季是2000年在堪萨斯城竞技的时候。这一年，他在美国职业足球大联盟比赛中创造了16次封杀的记录。梅奥拉不仅带领堪萨斯城竞技取得了大联盟杯，还获得联盟最佳门将、最受欢迎球员和大联盟杯的MVP。梅奥拉在美国职业足球大联盟一共参加了11个赛季。

托尼·梅奥拉

梅奥拉被评为联盟最佳球员、最受欢迎球员和大联盟杯的最有价值球员（MVP）。

埃里克·韦纳尔达

85

队名的变化

美国职业足球大联盟很多早期的队伍都已经换了名字。例如，哥伦布机员改为哥伦布机员足球俱乐部、达拉斯燃烧队改为达拉斯足球俱乐部、堪萨斯城奇才队改为堪萨斯城竞技、纽约/新泽西都会之星改为纽约红牛、圣何塞冲击改为圣何塞地震。球队换名的原因有很多：有时是为了更换新的身份，或者跟上时代潮流，显得新潮。在很多情况下，新名字更加符合世界各地的球队。有时候，换名字是为了与新的队伍颜色和标志更匹配。新的名字能给球迷带来活力，给队伍带来更多动力。随着联盟不断地发展和扩大，下一支重塑的队伍会是谁呢？

马克·盖格

达等，都是1994年美国国家男子足球队的成员，他们都分别加入了新的联盟球队。他们中的一些人一直效力于联盟。在首届美国职业足球大联盟的比赛中，圣何塞冲击队（现名为圣何塞地震队）以1∶0打败华盛顿联队。埃里克·韦纳尔达是美国职业足球大联盟比赛中第一个进球的球员。

1996年美国职业足球大联盟的第一个赛季最引人注目的是出自1994年世界杯的几位国际球星。豪尔赫·坎波斯、毛里西奥·西恩富戈斯、马尔科·埃切维里、爱德华多·乌尔塔多和卡洛斯·瓦尔德拉马等球员让全世界开始关注美国职业足球大联盟赛事。其中豪尔赫·坎波斯尤为突出。他是墨西哥人，门将出身，后来加入洛杉矶银河。坎波斯以颜色鲜艳的队服和炫酷的踢球风格而闻名。坎波斯虽然身高只有1.68米，但是他的运动热情、速度和弹跳能力足以让他做到几乎不可能完成的动作。坎波斯于2004年退役，但是他仍然非常受欢迎，因为他继续以球员的身份活跃在国际足联的电子游戏中。

卡洛斯·瓦尔德拉马来自哥伦比亚，1981年开始打职业赛，是一位经验非常丰富的球员。美国球迷一眼就能认出他来，因为他有着一头长且蓬松的金卷发，当然，也因为他是一位伟大的球员。在1996年美国职业足球大联盟的第一个赛季，瓦尔德拉马就获得了美国职业足球大联盟第一赛季最具价值球员，并连续获奖至2002年。

经过缓慢而稳步的发展，美国职业足球大联盟逐渐与美国职业橄榄球联盟、美国职业篮球联赛、美国曲棍球联盟和美国职业棒球大联盟齐名。举办1994年世界杯是美国职业足球大联盟成立的原因，但是美国队在2002年韩日世界杯上的强势表现推动了

卡洛斯·瓦尔德拉马

阿莱克西·拉拉斯

2002年美国职业足球大联盟杯，洛杉矶银河队对阵新英格兰革命队。

迷你杯

马克·盖格

今天，一场美国职业足球大联盟比赛有超过5万名球迷前来观赛已经不是什么新鲜事了。尽管这不是每天都会发生的事，但是一些比赛确实能吸引大量的观众。卡斯卡迪亚杯是在美国职业足球大联盟赛季期间，波特兰伐木者队、西雅图海湾人队和温哥华白帽队这三个球队之间举行的小型锦标赛。卡斯卡迪亚杯于2004年开始举行，在这三支队伍加入美国职业足球大联盟前就已经存在了。（这场竞争可以追溯到北美足球联盟时期）。现在，用于比赛的体育场已经可以容纳更多的球迷前来观赛，大量的球迷聚集在主办城市。此时的体育场，对于球迷、球员、教练和裁判来说，都是紧张又刺激的。但是，足球比赛就是需要足够的激情和动力，才能够给观众带来真正美妙的体验。

美国职业足球大联盟球队分布图

温哥华
白帽足球俱乐部
不列颠哥伦比亚省

西雅图
海湾人足球俱乐部
华盛顿州西雅图

波特兰
伐木者足球俱乐部
俄勒冈州

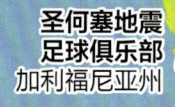

皇家盐湖城
足球俱乐部
犹他州

科罗拉多急流
足球俱乐部
科罗拉多州

圣何塞地震
足球俱乐部
加利福尼亚州

洛杉矶
足球俱乐部
加利福尼亚州

洛杉矶银河足球俱乐部
加利福尼亚州

达拉斯足球俱乐部
得克萨斯州

加拿大
美国
墨西哥

美国职业足球大联盟图例
- 东部
- 西部

从1996年的10支球队，到2015年的20支球队，美国职业足球大联盟的规模翻倍。2017年，亚特兰大联足球俱乐部和明尼苏达联足球俱乐部加入美国职业足球大联盟。2018年，洛杉矶足球俱乐部成为加入美国职业足球大联盟的第23支球队。美国职业足球大联盟还计划纳入迈阿密和佛罗里达的球队，不断发展壮大。到2020年，大联盟预计将会有28支球队。

加拿大

蒙特利尔冲击足球俱乐部
魁北克省

明尼苏达联足球俱乐部
明尼苏达州

多伦多足球俱乐部
安大略省

纽约城足球俱乐部
纽约州

新英格兰革命足球俱乐部
马萨诸塞州

芝加哥火焰足球俱乐部
伊利诺伊州

费城联足球俱乐部
宾夕法尼亚州

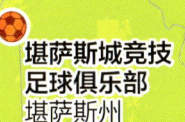

纽约红牛足球俱乐部
新泽西州

美国

哥伦布机员足球俱乐部
俄亥俄州

华盛顿特区联足球俱乐部
华盛顿特区

堪萨斯城竞技足球俱乐部
堪萨斯州

亚特兰大联足球俱乐部
佐治亚州

奥兰多城足球俱乐部
佛罗里达州

休斯敦迪纳摩足球俱乐部
得克萨斯州

队伍	大联盟杯	获奖年份
洛杉矶银河	5	2002, 2005, 2011, 2012, 2014
华盛顿特区联	4	1996, 1997, 1999, 2004
圣何塞地震	2	2001, 2003
堪萨斯城竞技	2	2000, 2003
休斯敦迪纳摩	2	2006, 2007
波特兰伐木者	1	2015
科罗拉多急流	1	2010
皇家盐湖城	1	2009
哥伦布机员	1	2008
芝加哥火焰	1	1998
西雅图海湾人队	1	2016
多伦多FC队	1	2017

89

兰登·多诺万

在职业生涯期间，兰登·多诺万是国际赛事上进球最多的美国球员。他小时候就跟着哥哥乔希学习踢球。5岁时，多诺万就加入了人生中的第一支球队；7岁时，他第一次上场就射进7个球！他第一次参加的国际比赛是1999年的国际足联U-17世青赛，他以最佳球员的身份获得金球奖。2002年世界杯，是他的世界杯首秀，那时候他被誉为世界杯最佳年轻球员。1999年，多诺万在德国开始职业足球生涯，但在2001年，他回到了美国职业足球大联盟。2005到2014年，多诺万签约洛杉矶银河队，带领洛杉矶银河队赢得2005年、2011年、2012年和2014年的大联盟杯。（2001和2003年他同样带领圣何塞地震队夺得大联盟杯）2014年赛季结束之后，多诺万宣布退役，但是2016年，他又重返洛杉矶银河队。

5岁时，多诺万就加入了人生中的第一支球队；7岁时，他第一次上场就射进7个球！

兰登·多诺万

美国职业足球大联盟的成功。2002年世界杯，美国首局以3∶2险胜世界杯常胜军葡萄牙。接着，在来自东道国接近61,000名球迷的注视下，以1∶1战平韩国。尽管输掉了最后一场小组循环赛，但美国依然排在16强前列。16强赛中，美国面对的是来自中北美洲及加勒比海地区的对手——墨西哥。这是两个国家在世界杯的首次碰撞，最后美国以2∶0击败墨西哥。

这两个球分别是美国职业足球大联盟球星布赖恩·麦克布莱德和兰登·多诺万踢进的。打败墨西哥标志着美国第一次进入世界杯淘汰赛。这也迎来自1950年奇迹般以1∶0战胜英国之后，美国首次完胜对手。

最终美国进入了四分之一决赛，虽然最后0∶1输给了德国，但这也是美国继1930年第一届世界杯挺进半决赛之后的最好成绩。与早年不同，美国球迷非常重视这次世界杯。之后，更多的美国人开始关注美国职业足球大联盟赛事，在洛杉矶银河队与新英格兰革命队争夺大联盟杯的决赛时，现场观看的球迷数量更是创纪录，超过了61,000人。

2007年，美国职业足球大联盟迎来第二个发展高峰。这一年，有两大盛事传入美国。一件是，成立11年之后，美国职业足球大联盟终于决定走出国门，发展成为北美联盟——多伦多足球俱乐部加入美国职业足球

在2016年大联盟杯上，多伦多FC队的阿曼多·库珀与西雅图海湾人队的球员抢球。

其他赛事

马克·盖格

世界各地的足球联盟都有自己的时间安排，以便他们的球队也能参加其他的比赛。美国职业足球大联盟也不例外，该联盟的球队每年都有资格参加中北美洲及加勒比海冠军联赛，同来自墨西哥、加勒比海和中美洲的球队相互竞技。美国还会派遣四支球队参加中北美及加勒比海联盟赛。前三支队伍由在美国职业足球大联盟的排名和季后赛的成败决定，第四支球队则是美国公开赛获胜的队伍。美国公开赛的参赛队伍都来自美国职业足球大联盟、北美足球联盟（NASL）和美国足球联盟（USL）。而美国职业足球大联盟的加拿大球队多伦多FC、蒙特利尔冲击、温哥华白帽将与北美足球联盟的渥太华复仇者足球俱乐部和埃蒙德顿足球俱乐部角逐加拿大赛区中北美及加勒比海联盟赛的一个参赛名额。

2015年7月美国足球公开赛，纽约宇宙队的球员劳尔·冈萨雷斯·布兰科与纽约红牛队的一名球员朝着球跑去。

北美的其他足球联盟

马克·盖格

　　和全美曲棍球联盟和职业棒球大联盟都有小联盟分支一样，北美联盟也有足球联盟分支，北美足球联盟（NASL）是美国职业足球大联盟（MLS）的二级联盟。目前，北美足球联盟拥有来自美国、加拿大和波多黎各的球队。不过，它们与美国职业足球大联盟并没有直接关系。美国联合足球联盟（USL）也是美国职业足球大联盟的二级联盟。美国联合足球联盟拥有来自美国和加拿大的30支球队，他们要么是美国职业足球大联盟的球队，要么就是美国职业足球大联盟球队的友队。这两个联盟还会互相租借球员，让年轻的球员有更好的发展机会。

美国足球公开赛上，纽约红牛队（MLS）对阵纽约宇宙队（NASL）。

大联盟。该俱乐部简称多伦多FC或TFC，有时人们也会叫它"红色的人"，因为这个球队的球员身穿红色的队服。每逢比赛，球队的粉丝也会穿上红色的应援服，坐满多伦多的满银球场。多伦多FC在美国职业足球大联盟的第一个赛季排名垫底，但是它的粉丝依然支持着它。现在，多伦多FC已经成为联盟最好的球队之一。

2007的第二件喜事让美国职业足球大联盟有了更大的提升。因为洛杉矶银河队从欧洲的顶级联赛成功挖走一位最伟大的国际球员。

大卫·贝克汉姆和美国职业足球大联盟

2007年加入洛杉矶银河队的时候，英国球员大卫·贝克汉姆可能还不是最好的球员，但他已经是一位非常优秀的球员了。并且，他十分有名。即使是不懂足球的人也知道大卫·贝克汉姆的名字。因为他的妻子维多利亚，也是一个名人，她曾是辣妹组合的成员。他们夫妻两人常常登上杂志封面，还开创了自己的服装品牌和香水系列。贝克汉姆代言过饮料、运动鞋、快餐店和高档时装。他和维多利亚也努力帮助世界各地的慈善机构。

贝克汉姆17岁就开始足球职业生涯，1992年加入曼联。1992到2003年，贝克汉姆带领曼联拿到6次英超冠军奖杯。2003年，贝克汉姆与西甲皇家马德里签约。他效力皇马四年，在2006到2007年的最后一个赛季中赢得了西甲冠军。贝克汉姆在1996到2009年也曾效力英国国家队。期间，他出场115场比

17岁，贝克汉姆就开始了足球职业生涯。

贝克汉姆

93

大卫·贝克汉姆在美国职业足球大联盟的首秀上带球。

贝克汉姆效应

马克·盖格

　　大卫·贝克汉姆为美国职业足球大联盟带来了大批球迷。成千上万的人前来观看他踢球，观看人数达到了前所未有的高度。2007年8月9日，贝克汉姆在华盛顿特区的罗伯特肯尼迪纪念体育场首次亮相。我恰巧是这场比赛的第四官员。当时，整个球场灯火通明。现场人群拥挤，有超过46,000名观众，人数是华盛顿特区平常看球人数的三倍。一开始，贝克汉姆坐在替补席上，但他的每一个动作都备受关注。因为有个镜头始终对着他，当他开始热身的时候，画面会投影到体育场的大屏幕上，观众席上马上尖叫连连。由此，我们可以想象他在世界杯进球的场景！大卫·贝克汉姆散发的体育能量场场相传，他在美国职业足球大联盟的出现也引发了一股国际知名球星加盟的浪潮。

赛，59次作为队长出场。贝克汉姆曾参加过1998年、2002年和2006年世界杯，也是英国历史上唯一一个在三届世界杯都有进球的球员。

球场上的一些动作，贝克汉姆表现得比其他球员更出色。他擅于长传，可以从边线把球传到对方的前场。

此外，他还擅长任意球得分，因为任意球的旋转幅度太大，以至于球会绕过挡球球员形成的人墙旋转。这就是弧线球，又称圆月弯刀。贝克汉姆因弧线球而出名，2002年时甚至有一部电影叫作《像贝克汉姆一样踢弧线球》（Bend It Like Beckham）。

为了签下贝克汉姆，美国职业足球大联盟通过了一条新规。为了控制预算，美国职业足球大联盟实行薪资上限制度。在2007年，这个上限规定每个球队在薪资上不得超过270万美元。（2015年实施新规，2019年前每队的薪资上限增加到424万美元。）但是联盟知道如果最好的球员效力欧洲球队的话，能赚得比这多。所以，美国职业足球大联盟通过了《指定球员规则》，人们常称其为贝克汉姆规则。该规则允许美国职业足球大联盟球队指定特定的队员签署大合同，因此他们不受薪资上限的约束，但是每个球队的人数不能超过三人。

2007年，贝克汉姆签署了五年的合同，合同保证每年收入为650万美元。这样一共3250万美元，值得吗？要知道，在贝克汉姆来到洛杉矶银河的时候，就打破了队内保持的纪录。即使第一赛季时，因为受伤而缺席很多比赛，但是只要贝克汉姆坐在替补席上，就能吸引大批观众前来观看洛杉矶银河队的比赛。

在其余的时间，贝克汉姆依旧会回欧洲踢球，但是在2008—2012

乔瓦尼·多斯桑托斯

足球巨星

大卫·贝克汉姆是美国职业足球大联盟第一个万众瞩目的球员，但绝不是最后一个。在他之后，更多世界级别的球员也相继来到美国和加拿大踢球。每一个知名的球员都给美国职业足球大联盟带来了许多关注，无论场上还是场下。这些足球巨星包括库奥特莫克·布兰科、乔瓦尼·多斯桑托斯、迪迪埃·德罗巴、史蒂文·杰拉德、塞巴斯蒂安·乔文科、蒂埃里·亨利、卡卡、罗比·基恩、弗兰克·兰帕德、安德烈·皮尔洛和大卫·比利亚等。这些球星的加入不仅在美国职业足球大联盟比赛上展现世界级的足球水准、吸引大量球迷前来观赛，还提高了美国职业足球大联盟的整体技术水平。各队的年轻球员都有机会与他们一起练球，在他们的带领和指导下，日以继夜地学习，以提高自身素质。这些指定球员的到来提高了大联盟足球的整体水平。谁将成为下一个伟大的指定球员？让我们翘首以待！

迪迪埃·德罗巴

年的所有赛季期间，他都会回到洛杉矶为洛杉矶银河队踢球。和兰登·多诺瓦一起，贝克汉姆帮助洛杉矶银河队赢得了2011年大联盟杯。在2012年，贝克汉姆在美国职业足球大联盟的最后一个赛季，该队再次赢得了冠军。2013年，贝克汉姆在法国出场职业生涯的最后一场比赛，对阵巴黎圣日耳曼，并赢得冠军。

总而言之，20年的职业生涯中，贝克汉姆在四个不同的国家赢得了10个联赛冠军。

在洛杉矶银河队期间，他大大地提高了足球在美国的知名度。也许你并不知道这件事，但这会是你今天成为足球球迷的主要原因。因为，即使贝克汉姆在激发你的足球热情上没有的作用，但他可能影响了你的爸爸、妈妈，或者你支持的队伍和你支持的球员。

早期的美国足球联盟

虽然举办1994年世界杯的时候，美国还没有大型的足球联盟，但是美国足球联盟却存在已久。它成立多久了呢？二十年？三十年？那可不止。说起美国足球联盟，我们可要追溯到很久很久以前了。

美国的第一个职业足球联盟成立于1894年，比1994年世界杯还要早100年。美国足球联盟由美国职业棒球大联盟球队的六名成员建立，因为他们想在棒球赛季结束之后，继续使用体育场。他们以美国职业足球联盟（当时还没有美国棒球联盟，也没有美国足球联盟）自称。在那时，联盟最受欢迎的球队也从英国的谢菲尔德和曼彻斯特引进球员。但是，这个联盟并没有发展太长时间，仅仅存在了一个赛季。

美国第一个成功的职业联盟是美国足球联盟（ASL）。其他联盟也曾用过这个名字，

1930年世界杯，美国队对阵比利时队。

1930年世界杯半决赛中，美国队和阿根廷队交锋。

但是它才是始创者。1921到1933年，美国足球联盟正常运作，但是它并没有像美国职业足球大联盟那样在全美发展。它所有的球队都建立在或围绕着纽约、新泽西、波士顿和费城这四个城市。美国足球联盟的成功只是昙花一现。因为当时，棒球才是美国最盛行的运动，当然大学足球也很受欢迎。但职业足球仍处在萌芽阶段，而美国国家橄榄球联盟也到1920年才成立。这时候，美国足球联盟是美国国家橄榄球联盟发展的强劲对手。

美国足球联盟背后的富翁非常乐意花钱从英格兰或苏格兰挖人。当然，美国国内也有很多足球人才。事实上，美国球员在1930第一届世界杯的表现可圈可点，如美国足球联盟的球员贝尔特·帕特纳乌德。不幸的是，国际足联和美国足总会存在矛盾，不利于联盟发展，矛盾集中点在薪资上，美国优厚的薪水更能吸引欧洲球员。这场所谓的"足球战争"激怒了很多美国球迷，他们不喜欢美国足球队和国际足球联盟一起与美国足球联盟发动的薪资战争。所以，美国球迷很快就与足球渐行渐远。虽然足球变得更受欢迎了，但足球要想在美国东山再起，还需要很长时间。

还有一个昙花一现的联盟是北美足球联盟（NASL）。它建于1968年，结束于1984年。（现在也有一个北美足球联盟，它建于2011年，但两者并无联系）。和美国职业足球大联盟一样，北美足球联盟在美国和加拿大都有球队。20世纪70年代早期，北美

贝利

1975年6月10日，贝利签约北美足球联盟**纽约宇宙队**。

贝利

一张印有贝利头像的非洲邮票。

足球联盟决定大胆行动，并取得初步发展。1974年，伟大的巴西球员贝利宣布退役，但在1975年6月10日，他与北美足球联盟的纽约宇宙队签约。贝利签署了价值280万美元的三年合约。现在看来这笔钱对球星来说不多，但是当时这份合约却让贝利一跃成为世界上身价最高的运动员。

五天之后，贝利在宇宙纽约队首次出战，1千万的观众守在电视前观看比赛。这是美国足球史上最高的观看记录。

贝利在纽约宇宙队三年的比赛中，联盟各地的观赛人数增加了一倍，而在1977年，贝利足球生涯的最后一个赛季，纽约宇宙赢得了联赛冠军，更是让贝利完美退役。

贝利签约纽约宇宙之后，很多退役的国际球星也签约北美足球联盟的球队。他们中有德国的弗朗茨·贝肯鲍尔、盖德·穆勒，荷兰的约翰·克鲁伊夫，英国的乔治·贝斯特等，不胜枚举。但是，不久后，联盟内很多队伍不堪重负，因为球星多，花费高，而且他们又没有吸引足够多的观众带来盈利。而今天，即使有《指定球员规则》，美国职业足球大联盟的薪资上限也要确保不会发生与北美足球联盟相同的悲剧。

美国职业足球大联盟的美国球星

在贝克汉姆来到洛杉矶之前，美国职业足球大联盟常自誉为美国球星联盟。但是随着联盟的发展，美国在国际赛事中表现更好，欧洲的顶尖联赛也开始挖走大联盟的优秀球员。因此，《指定球员规则》这把利刃，不仅能吸引国际球星来到美国，还能唤回美国的本土球星！

约齐·阿尔蒂多尔出生在美国新泽西州的利文斯顿，在佛罗里达州的博卡拉顿长大。他从很小的时候就开始踢球了。阿尔蒂多尔曾代表美国多次参加国际赛事，包括国际足联U-17，U-20世界杯、2008年北京奥运会、2010年及2014年的世界杯。2006年，16岁的他签约美国职业足球大联盟的纽约红牛队。阿尔蒂多尔很快成为了纽约红牛队

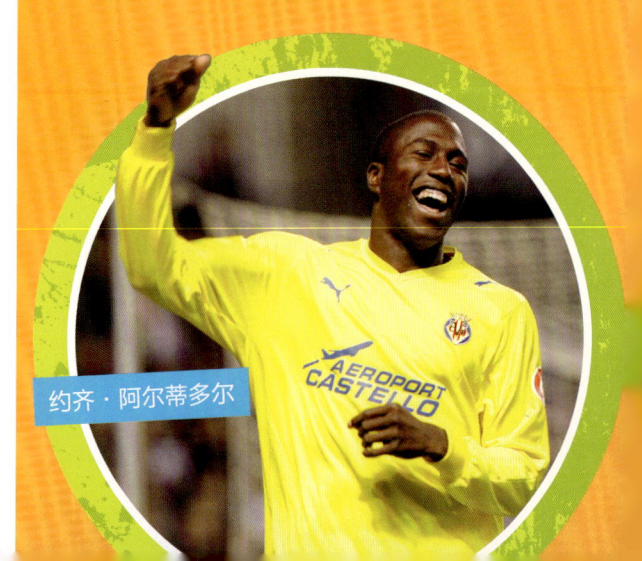

约齐·阿尔蒂多尔

克林特·邓普西在得克萨斯州的纳科多奇斯长大，他常在当地西班牙裔社区里的泥土场地踢球。青少年时期，他在墨西哥男子联赛踢球。他的妹妹珍妮弗是顶尖的青少年网球运动员，但在16岁时因脑部疾病去世。邓普西化悲痛为动力，竭尽所能踢好足球，并以此来纪念她。最终，他成为美国历史上最好的球员之一。2004年11月，邓普西首次以美国男足国家队队员的身份亮相。他曾参加2006年、2010年和2014年世界杯，并且2014年以队长的身份带领美国队上场。

2004年，邓普西正式来到美国职业足球大联盟。在为新英格兰革命效力时，他是那年联盟的新秀。2005年和2006年，他帮助新英格兰革命打进了大联盟杯，但新英格兰革命每年都与冠军失之交臂。2006年赛季结束后，富勒姆足球俱乐部向美国职业足球大联盟支付400万的转会费挖走邓普西。在当时，这是美国职业足球大联盟球员中最高价格的转会费。邓普西在英格兰踢了七个赛季，到2013年，西雅图海湾人队以指定球员的身份和他签下四年合约。于是，邓普西重返美国职业足球大联盟。

克林特·邓普西

球迷的新宠，但是在2008赛季前，红牛同意他加盟西甲足球甲级联赛的球队比利亚雷亚尔。

他的转会费将近1千万美元！2008年11月1日，阿尔蒂多尔成为第一个在西班牙顶级足球联赛进球的美国球员。

接下来的几年里，阿尔蒂多尔效力过西班牙、土耳其、英格兰和荷兰。2015年，他重返美国职业足球大联盟，作为指定球员签约多伦多FC。在多伦多FC队的首秀上，他进了两球。阿尔蒂多尔现在依然是多伦多FC队的顶级球员，并助力多伦多FC成为联盟内的顶级球队之一。

欧洲八年的足球生涯之后，**迈克尔·布拉德利**在2014年作为指定球员加入多伦多FC，不久就成为了队长。布拉德利还帮助说服约齐·阿尔蒂多尔签约多伦多FC。两人曾一起效力美国国家队。

布拉德利出生在新泽西州的普林斯顿，他的父亲是普林斯顿大学的足球教练。鲍勃·布拉德利曾在美国职业足球大联盟的球队中执教，并在2006年末至2011年期间担任美国国家队男子足球队的教练。他还曾执教过欧洲球队，在2016年被斯旺西城足球俱乐部聘为经理时，他更是成为了首位在英超联赛球队中执教的美国人。

在父亲执教国家队的时候，迈克尔·布拉德利让自己成为了美国顶尖的球员。2007年开始，布拉德利参加了很多重要的国际赛事，并且带领美国男足参加2010年世界杯。即使2011年在他父亲被解雇之后，布拉德利也继续为国家队效力。2014年，布拉德利再次参加世界杯。2015年，他成为美国男足队长。

迈克尔·布拉德利

虽然1984年之后，原来的北美足球联盟已经解体，但是联盟内的球队仍然延续下来。波特兰伐木者、圣何塞地震、西雅图海湾人、温哥华白帽等都是北美联盟时期延续下来的城市球队。还有一些老联盟的球队，包括纽约宇宙、坦帕湾暴徒队、劳德代尔堡前锋足球俱乐部在内，都加入了新的北美足球联盟。

女足历史

我们知道自古以来，与足球类似的运动一直都有女性的身影。人们认为女性同样也参加了中世纪的足球运动。但遗憾的是，女性要在运动中获得应有的认可并非易事。

关于现代女足最早的传说可以追溯到1881年，当时苏格兰和英格兰正进行比赛。男人发现女人穿着长裙、戴着帽子踢球很别扭，他们觉得这并不好看。报纸上的报道也嘲笑女球员的服装和踢球风格。显然，报道者认为足球是粗鲁的运动，淑女不适合踢球。

第一次世界大战期间（1914—1918），关于女性适合什么运动的讨论形势发生了变化。因为男人们都需要上战场，女人也需要到工厂里工作。那么，如果女人可以在工厂工作，为什么不可以踢球呢？一时之间，女性运动非常受欢迎。1920年圣诞节之后的一天，英国利

1939年英格兰普雷斯顿女子足球俱乐部。

1983年，英国队的布莲达·斯比亚。

物浦两支女子足球队的比赛吸引了53,000名球迷。但对女子足球来说，这并不是一个好消息，反而是一场灾难。

英国管理足球的男人们会嫉妒女人的成功吗？他们是否会担心，如果女性踢足球，那么足球就不再被视为一种具有男子气概的运动？也许会的。

甚至一些著名的英国女性都认为对于女性而言，踢足球是粗俗、有害的。无论出于何种理由，1921年12月5日，足球联合会颁布了这样的规定：

"女性踢球激起了诸多抱怨。组委会认为，对女性来说，足球是一项不适宜的运动，我们不应该鼓励女性踢足……禁止女足运动队在英足协所属的场地比赛。"

这不仅仅是一个要求。这份声明意味着凡是属于英国足协男子足球队的体育场将不再对女子足球队开放。换而言之，就是"女子止步"。

但是英国女性并没有因此沮丧地拿着足球回家。58支女子足球队当即团结一致成立了英国女子足球协会（BLFA）。1922年3月到6月24日，23支女子足球队举办了一场冠军锦标赛。一些球队有自己的比赛场地，一些球队就在橄榄球场上比赛。

尽管英国女性努力建立并发展英国女子足球协会，但是它仅仅存在了一个赛季。尽管，在1971年之前英足协都一直禁止女子踢

阿比·瓦姆巴赫

阿比·瓦姆巴赫

在足球历史上，没有人在国家队比赛中的进球数比阿比·瓦姆巴赫多，包括男足。2001到2005年，瓦姆巴赫多效力于美国国家女子足球队。那时，她已经上场比赛256次，进球184个。她在纽约罗切斯特长大，是家中七个孩子里最小的一个。出身在运动员家庭，最小的孩子意味着她从小就懂得竞争的含义。从小，瓦姆巴赫多就自学如何用头球绕躲过防守。瓦姆巴赫多身高1.8米，她的标志性动作是头球攻门。她能越过对方选手，或冲向球网，靠头部上演很多传奇性的进球。

从小，**瓦姆巴赫多**就**自学**如何用头球绕跑**躲过防守**。

101

球，而英国女性却仍然继续踢球。早在20世纪30年代，欧洲许多其他国家都建立了女足联盟，到英国取消禁令时，已经差不多有35个国家建立了女足联盟或国家队。

美国女足

谈起女足，美国女足是世界上女子足球最好的队伍之一。因为美国女足赢得的女足世界杯冠军和获得的奥运女足的金牌比所有国家都要多。今天，在青少年女足的参赛人数中，美国比世界上所有国家加起来的人数还多！更令人惊奇的是，女足在美国的起步却很晚。

1922年，迪克·克尔女子足球队来到美国。她们是英国最好的女子足球队，但是当她们来到美国时却发现，美国还没有女子足球队，更不能进行比赛。于是，迪克·克尔女子足球队只能和男子足球队进行比赛。她们和美国足球联盟内的七支队伍比赛，结果三胜两输两平。真是令人赞叹！

20世纪60年代，美国依然很少有女性踢足球。即使有人踢球，也只是把它当作一种有趣的锻炼方式，并没有正视它。

1951年，密苏里州圣路易斯建立的教会联盟是美国第一个真正意义上的女足联盟，名为克雷格俱乐部女子足球联盟。该联盟拥有四支队伍，仅维持了两个赛季。直到20世纪70年代，美国女足才开始腾飞。1972年美国通过新规，要求大学对男女足一视同仁，经费投入要保证公平。于是，大学女足得到了发展。而且，越来越多的女孩子投入青少年足球和高中足球。到1985年，美国已经有大量的女性参与到足球这项运动中，也到了成立女子足球国家队的时机。虽然女足队在最初几年进展缓慢，但不久后，米娅·哈姆和布兰迪·查斯坦等年轻球星加入了球队。1991年她们与足球老将米歇尔·埃克斯一起带领美国赢得了首届女足世界杯。人们终于开始注意到女足！

1996年，美国佐治亚州亚特兰大奥运会的金牌光环带给美国女足新的发展高潮。1999年，美国作为东道国再次赢得女足世界杯也迎来美国女足的大突破。1999年7月10日，美国对阵中国的世界杯决赛是一场惊险之战。超过90,000名球迷围满了加利福尼亚州帕萨迪纳市的玫瑰碗体育场，创造了女子运动项目的现场观看人数纪录。最终，美国以1：0击败中国，而且布兰迪·查斯坦在终场点球上的致胜一球，令人永生难忘。

美国女子足球终于不再局限于大学排名。自20世纪90年代末以来，一些不同的职业联盟相继成立。2013年之后，美国女足大联盟(NWSL)一直都是北美女球员的首选。美国女足大联盟是一个拥有来自加拿大、墨西哥和美国10支球队的联盟。

米歇尔·阿科尔斯

> 谈起女足，**美国女足**是世界上女子足球**最好的**队伍之一。

在对阵巴西队的比赛中，米娅·哈姆运球射门。

射入一球，1999年女足世界杯夺冠，查斯坦开心庆祝。

美国女子足球联盟

联盟内球队：
- 波士顿开拓者
- 芝加哥红星
- 休斯顿短跑队
- 堪萨斯竞技队
- 北卡罗来纳勇气队
- 奥兰多骄傲队
- 波特兰荆棘队
- 西雅图帝王女足队
- 天蓝队（新泽西州）
- 华盛顿精神女足队

美国女足国家队庆祝获得1996年奥运会金牌。

女足球星

世界上最好的女子足球运动员并不都是来自北美，但是她们大多数都代表加拿大和美国参加国际赛事，效力于美国女子足球联盟。

卡莉·劳埃德来自新泽西州德兰。她五岁开始踢球，并开始参加男女混合赛。2008年和2012年奥运会上，劳埃德都摘得了女子足球的金牌。2015年，她被评为国际足球联合会年度最佳球员。同年，她带领美国队参加女足世界杯，并在决赛中以5：2的三球之差打败中国。劳埃德是在世界杯决赛上演帽子戏法的第一位女性，第二位球员。2008年奥运会，她射进一球以1：0打败巴西夺冠；2012年奥运会上，她射进同样的一球以2：1的比分打败日本，获得金牌。2013年以后，劳埃德作为美国罗格斯大学的球星，一直效力于美国女子足球联盟，与西部纽约闪电队和休斯顿短跑队较量。

卡莉·劳埃德

阿莱克斯·摩根在离洛杉矶不远的加利福尼亚钻石吧市长大。22岁的时候，她作为美国女子足球队中最年轻的队员参加2011年女足世界杯。在2012年伦敦奥运会的半决赛中，正是她的一记进球绝杀了加拿大，美国女足才最终夺冠。2012年，摩根共代表美国国家队出场31次，进球28次，完成助攻21次。她成为继美国足球传奇人物米娅·哈姆之后，唯一一个在一年内打进20粒进球和20次助攻的美国女性，并被评为美国年度足球女运动员。2015年，摩根助力美国赢得女足世界杯冠军。2016年奥运会之前，她在中北美及加勒比海地区预选赛中，仅12秒她就进球，上演了史上最快进球，最终以5：0战胜哥斯达黎加。2013年第一赛季之后，她成为波特兰荆棘队和奥兰多骄傲队的一员，一直效力于美国女子足球联盟。

阿莱克斯·摩根

梅根·拉皮诺埃

梅根·拉皮诺埃在加利福尼亚州的雷丁出生并长大。拉皮诺埃是家中的第六个孩子，她还有一个双胞胎姐姐——瑞秋。她在她父亲执教的青少年足球队踢球。上高中时，这对双胞胎姐妹和一支业余球队在女子超级足球联盟赛中对阵职业球员。2006年，拉皮诺开始效力于美国女子国家队。2011年女足世界杯的四分之一决赛中，在加时赛的最后几秒，她一记长传，帮助阿比·瓦姆巴赫头球射门得分，自此，她一战成名。一年后，在2012年伦敦奥运会的半决赛中，拉皮诺打入两粒球，带领美国队击败加拿大，拿到金牌。2015年，拉皮诺助力美国队赢得女足世界杯。自2013年第一个赛季之后，她一直效力于美国女子足球联盟的西雅图统治队，期间也曾效力于澳大利亚和法国的俱乐部。

加拿大球员**克里斯汀·辛克莱尔**是世界上最伟大的球员之一。足球历史上，在国际赛事上进球最多的是美国球员阿比·瓦姆巴赫。自2000年以来，辛克莱尔一直是加拿大女足国家队的队员，当时她只有16岁。当辛克莱在2016年奥运会上以2：1战胜巴西赢得铜牌时，那是她的第250场国际比赛。辛克莱尔长期担任加拿大国家队队长，2012年奥运会上她获得最佳射手。同时，加拿大获得铜牌。她曾参加过2003年、2007年和2015年的女足世界杯。辛克莱尔的两个叔叔都是职业足球运动员，她在加拿大不列颠哥伦比亚省的本拿比长大，4岁的时候就开始踢球了。2001年至2005年，她在波特兰大学踢球，并带领学校获得了两次美国大学联盟锦标赛的冠军，也开始声名鹊起。在美国女足大联盟第一季之后，辛克莱一直是波特兰荆棘足球俱乐部的成员。她曾与国际球星莱里奥·梅西一起登上2016年国际足球联合会加拿大版电子游戏的封面。

克里斯汀·辛克莱尔

105

趣味知识

作为职业运动员要维持生计是很难的，因为你要把大部分的时间都奉献给你所选择的运动，而且成功还需要运气。即使你一路努力走来，但一次受伤可能就会断送你的职业生涯。很多运动员的巅峰时期都非常短暂。之后，他们就得另寻出路。这也是为什么你的父母和老师总是让你好好学习的原因！

你知道历史上收入最高的运动员是谁吗？他是古罗马的一位战车赛车手，名叫盖尤斯·阿普利乌斯·狄奥克勒斯。狄奥克勒斯生活在公元前2世纪，据说他的收入达到3600万塞斯特斯，相当于现在的150亿美元。

我们永远都看不到哪位运动员能赚这么多钱，但是对于那些将自己从事的事业做到最好的人来说，体育事业绝对是值得的，尤其当你还是一名欧洲足球运动员的时候！

里奥·梅西

福布斯2018年收入最高的10位运动员

运动员	运动	工资（美元）	代言（美元）	总收入（美元）
弗洛伊德·梅威瑟	拳击	2.75亿	1000万	2.85亿
里奥·梅西	足球	8400万	2700万	1.11亿
克里斯蒂亚诺·罗纳尔多	足球	6100万	4700万	1.08亿
康纳·麦克格雷戈	格斗	8500万	1400万	9900万
内马尔	足球	7300万	1700万	9000万
勒布朗·詹姆斯	篮球	3350万	5200万	8550万
罗杰·费德勒	网球	1220万	6500万	7720万
斯蒂芬·库里	篮球	3490万	4200万	7690万
马特·瑞安	橄榄球	6730万	6230万	500万
马修·斯塔福德	橄榄球	5750万	200万	5950万

2016年收入最高的女运动员

网球选手**塞雷娜·威廉姆斯**
890万美元奖金
2000万美元的代言
总收入：2890万美元

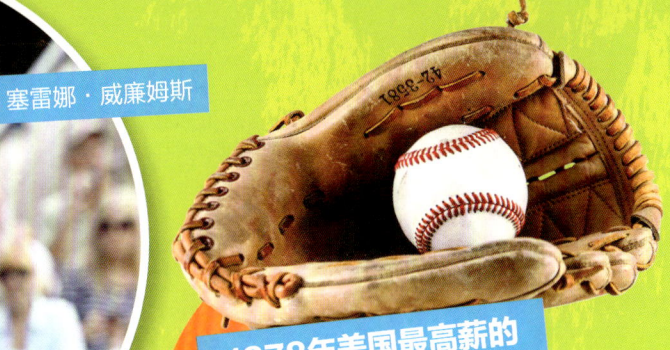

塞雷娜·威廉姆斯

1878年美国最高薪的棒球运动员

鲍勃·弗格森
芝加哥白袜队
工资：3700美元

1961年英国足球运动员的平均薪资

每周**20英镑**（相当于现在的900到1000英镑）

第一个有工资的足球运动员

约翰·洛夫和**弗格斯·苏特**（苏格兰）1878—1879
工资未知

2016年工资最高的美国棒球运动员

克莱顿·克尔肖
洛杉矶道奇队
3120万美元

克莱顿·克尔肖

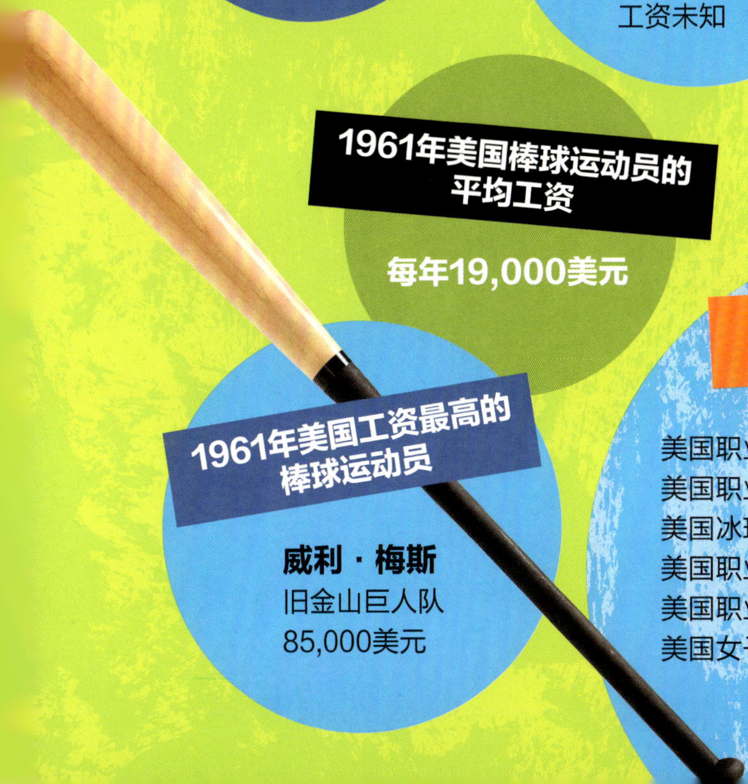

1961年美国棒球运动员的平均工资

每年19,000美元

1961年美国工资最高的棒球运动员

威利·梅斯
旧金山巨人队
85,000美元

2016年美国运动员平均工资（美元）

美国职业篮球联赛：每人500万
美国职业棒球大联盟：每人440万
美国冰球联盟：每人240万
美国职业橄榄球大联盟：每人210万
美国职业足球大联盟：每人316,777.33
美国女子足球联盟：每队278,00

拓展阅读

德博拉·W.克里斯菲尔德,《儿童足球百科》第3版,F&W传媒,2015年出版。

克莱夫·吉福德,《足球破纪录者》,卡尔顿儿童图书公司,2017年出版。

布莱克·赫纳,《激情足球》,美国国家地理,2016年版。

休·霍恩比,《DK目击者书籍:足球》,DK儿童,2010年出版。

埃里克·茨威格,《国家地理杂志:少儿体育》,美国国家地理,2016年出版。

引用文献

第 12 页：彼得·西尔比，《剑桥大学历史》，1750—1870 年，卷 3，剑桥大学出版社，1997 年。

第 13 页：《田野：绅士报》，1861 年 12 月 14 日，第 525 页。

第 42 页：《辛格·盖伦选集》，牛津大学出版社，1997 年，第 299—304 页。

第 44 页：《埃塞克斯研究所公报》，卷十六。马萨诸塞州塞勒姆：埃塞克斯研究所出版社，1884。

第 46 页：拉里·麦克雷，"令人惊叹的弗朗西斯·维路格比，以及足球在棒球和板球进化中的作用"摘自网站：ourgame.mlblogs.com/the-amazing-francis-willughby-and-the-role-ofstoolball-in-the-evolution-of-baseball-and-cricket-8a282d7721b6。

第 47 页：大卫·克拉姆、杰弗里·福根、多萝西·约翰斯顿等人。弗朗西斯·维路格比的《游戏之书》：17 世纪的一篇关于运动、游戏和娱乐的论文。劳特利奇，2016 年。

第 48 页：《同样的古老游戏：关于世界足球起源的真实故事》，摘自网站：footballorigins.com/tag/eton

第 50 页：《橄榄球是威廉·韦伯·艾利斯发明的吗》，摘自网站：therugbyhistorysociety.co.uk/didhe.html

第 62 页：阿根廷总统说梅西是上帝给阿根廷的礼物。摘自：sports.inquirer.net/215185/messi-gods-gift-to-argentina-president

第 69 页：《FIFA：曼德拉 90 分钟》纪录片，2007 年 11 月。

第 73 页：斯科特·巴波萨，"贝尔特·帕特纳乌德迟来的承认"，摘自：www.espn.com/boston/columns/story?id=5370416。

第 102 页：盖尔·纽瑟姆，"迪克·克尔女子足球队"，摘自：www.dickkerrladies.com/page7.htm

图片出处

ASP: Alamy Stock Photo; BI: Bridgeman Images; GI: Getty Images; NGC: National Geographic Creative; SS: Shutterstock

Cover (UP), Daxiao Productions/SS; (RT), tratong/SS; (LO CTR), Metin Pala/Anadolu Agency/GI; (LO LE), strickke/GI; Back Cover, Masakazu Watanabe/Aflo Co., Ltd./ASP; Spine, irin-k/SS; 1, Steve Bronstein/GI; 2-3, Hero Images/GI; 4 (UP RT), Igor Terekhov/GI; 4 (CTR RT), Christophe Boisvieux/GI; 4 (LO RT), Sitade/GI; 4 (CTR LE), siribao/SS; 5 (UP LE), GI; 5 (UP CTR), Dirk Rietschel/GI; 5 (UP RT), Scott Halleran/GI; 5 (LO RT), goir/GI; 5 (LO CTR), irin-k/SS; 6, Alex Grimm/FIFA/FIFA via GI; 7 (UP LE), Igor Terekhov/GI; 7 (UP RT), irin-k/SS; 7 (LO), Victor Decolongon/GI; 8-9, siribao/SS; 10 (UP), Metin Pala/Anadolu Agency/GI; 10 (LO), BK foto/SS; 11 (UP LE), Andreas Gradin/SS; 11 (UP RT), Mile Atanasov/ASP; 11 (LO), Tino Soriano/NGC; 12 (LE), vgajic/GI; 12 (RT), Steven King/Icon Sportswire/Corbis via GI; 13 (LO LE), Ramsey Cardy/Sportsfile via GI; 13 (UP RT), Barcin/GI; 14 (UP), PA Images/ASP; 14 (LO), Stanley Chou/FIFA/FIFA via GI; 15 (UP), GILKIS/Alana Meyer/GI; 15 (CTR RT), Photo by Friedemann Vogel/FIFA/FIFA via GI; 16 (UP), Stu Forster/GI; 16 (CTR LE), David Edsam/ASP; 16 (LO RT), Maxisport/SS; 17 (UP), David Alan Harvey/NGC; 17 (CTR LE), goir/GI; 17 (LO RT), Dragan Ristovski/ASP; 18 (UP), aslu/Ullstein Bild via GI; 18 (LO LE), Laurence Griffiths/GI; 18 (LO RT), Sascha Steinbach/UEFA/UEFA via GI; 19, Alexa Reyes/AFP/GI; 20 (UP), dpa Picture Alliance Archive/ASP; 20 (CTR), Doug Pensinger/GI; 20 (LO), Richard Heathcote/GI; 21, Darren Walsh/Chelsea FC via GI; 22 (CTR), adventtr/GI; 22 (LO LE), dslaven/SS; 22 (LO RT), Tim McGuire/GI; 23 (UP RT), Photo by Friedemann Vogel/FIFA/FIFA via GI; 23 (CTR), Oktay Ortakcioglu/GI; 23 (LO), photoDISC; 24, Laszlo Szirtesi/SS; 25 (UP), Masakazu Watanabe/Aflo Co., Ltd./ASP; 25 (CTR), Amy Myers/SS; 25 (LO), Masakazu Watanabe/Aflo Co., Ltd./ASP; 26 (UP), darikuss/SS; 26 (CTR), darikuss/SS; 26 (LO), darikuss/SS; 27 (BACKGROUND), antpkr/SS; 28 (UP RT), Joern Pollex/FIFA/FIFA via GI; 28 (LO), Icon Sportswire via AP Images; 28 (UP LE), Kaesler Media/SS; 29 (UP LE), Alex Livesey/GI; 29 (CTR RT), Alex Grimm/FIFA/FIFA via GI; 29 (LO), Gines Romero/SS; 30 (UP LE), irin-k/SS; 30 (UP RT), DragonImages/GI; 30 (LO), Paolo Bona/SS; 31 (UP), Igor Terekhov/GI; 31 (LO), Chones/SS; 32-33, Christophe Boisvieux/GI; 34 (UP), Metin Pala/Anadolu Agency/GI; 34 (LO), BK foto/SS; 35 (UP LE), Design Pics Inc/NGC; 35 (UP RT), Mile Atanasov/ASP; 35 (LO), Alex Livesey/FIFA/FIFA via GI; 36 (LO LE), Qian Xuan/Pictures from History/BI; 36 (LO RT), Zhang Peng/LightRocket via GI; 37 (UP CTR), Xinhua/Zhu Zheng/ASP; 37 (LO LE), Chinese School/National Football Museum/BI; 38, DEA/G. Sioen/GI; 39 (UP), De Agostini Picture Library/GI; 39 (LO), GrashAlex/SS; 40 (UP), Danny Lawson/PA Images/ASP; 40 (LO RT), National Football Museum/BI; 40 (LO LE), National Football Museum/BI; 41 (UP LE), National Football Museum/BI; 41 (UP RT), Xinhua/Zhu Zheng/ASP; 41 (CTR RT), National Football Museum/BI; 41 (LO), National Football Museum/BI; 41 (CTR LE), National Football Museum/BI; 42, Jim Sugar/GI; 43 (UP), Fernando Bertelli/Bibliotheque des Arts Decoratifs/Archives Charmet/BI; 43 (CTR), Friedemann Vogel/FIFA/FIFA via GI; 43 (LO), matimix/SS; 44 (UP), Smithsonian American Art Museum, Washington, DC/Art Resource, NY; 44 (LO), Daniel Padavona/Dreamstime; 45, Giovanni Stradano/De Agostini Picture Library/G. Nimatallah/BI; 46 (LO LE), George Hunt, Isaac Robert Cruikshank/Bonhams/BI; 46-47 (LO CTR), Jose Honorato Lozano/Christie's Images/BI; 47 (UP), Popperfoto/GI; 47 (LO RT), Cameraphoto Arte, Venice/Art Resource, NY; 48 (UP), Giovanni

Grevembroch/De Agostini Picture Library/A. Dagli Orti/BI; 48 (CTR), HIP/Art Resource, NY; 49 (UP), Bob Thomas/Popperfoto/GI; 49 (LO), Popperfoto/GI; 50 (UP CTR), Chris Hellier/GI; 50 (LO LE), Pictorial Press Ltd/ASP; 51 (UP), Joern Pollex/FIFA/FIFA via GI; 51 (LO RT), SZ Photo/Scherl/BI; 51 (LO LE), Suddeutsche Zeitung/Granger, NYC—All rights reserved; 52 (UP LE), irin-k/SS; 52 (CTR RT), Yobro10/Dreamstime; 52 (LO), Adwo/SS; 53 (UP CTR), Sitade/GI; 53 (UP RT), Image Ideas; 53 (CTR LE), Michael Flippo/Dreamstime; 53 (LO RT), Ingram; 53 (LO), Grafissimo/GI; 54-55, GI; 56 (UP), Metin Pala/Anadolu Agency/GI; 56 (LO), BK foto/SS; 57 (UP LE), Frederic J. Brown/AFP/GI; 57 (UP RT), Mile Atanasov/ASP; 57 (LO), Jean Catuffe/GI; 58 (LE), Gircke/Ullstein Bild via GI; 58-59 (LO), Oli Scarff/AFP/GI; 59 (UP), Ben Radford/Corbis via GI; 59 (LO RT), Bob Thomas/Popperfoto/GI; 60 (UP), Archive Dresden Football Museum; 60 (CTR), Leemage/GI; 60 (LO), Ullstein Bild/Ullstein Bild via GI; 61, Carlos Rodrigues/GI; 62, Alex Caparros/GI; 63 (UP), Angel Martinez/Real Madrid via GI; 63 (LO), Popperfoto/GI; 64 (UP), Art Rickerby/The LIFE Picture Collection/GI; 64 (LO LE), A. and I. Kruk/SS; 64 (LO RT), Popperfoto/GI; 65 (UP), Anton_Ivanov/SS; 65 (LO), Gabriel Rossi/LatinContent/GI; 66 (UP LE), Rob Wilson/SS; 66 (trophies), Chones/SS; 67 (UP LE), Offside Sports Photography/ASP; 67 (UP RT), zentilia/SS; 67 (CTR), Phil Cole/Allsport/GI; 67 (LO LE), Popperfoto/GI; 68 (LE), Friedemann Vogel/GI; 69 (CTR RT), Chris Johns/NGC; 69 (LO LE), Alfredo Estrella/AFP/GI; 69 (LO RT), Humbak/ASP; 70, Popperfoto/GI; 71 (UP LE), Friedemann Vogel/FIFA/FIFA via GI; 71 (UP RT), Laurence Griffiths/GI; 71 (LO CTR), Jasper Juinen/GI; 72 (UP LE), IOC Olympic Museum/Allsport/GI; 72 (UP RT), Bob Thomas/Popperfoto/GI; 72 (LO LE), Ronald Martinez/GI; 72 (LO RT), Miguel Medina/AFP/GI; 73, Bob Thomas/Popperfoto/GI; 74 (UP), Jamie McDonald/GI; 74 (LO), Mohd Rasfan/AFP/GI; 75 (UP), Joern Pollex/FIFA/FIFA via GI; 75 (LO), Steve Bardens/FIFA/FIFA via GI; 76 (UP RT), siribao/SS; 76 (CTR LE), Laszlo Szirtesi/SS; 76 (LO RT), Maxisport/SS; 77(UP LE), matimix/SS; 77 (CTR RT), Andreas Gradin/SS; 77(LO LE), Daxiao Productions/SS; 78 (UP LE), irin-k/SS; 78 (UP RT), GraphicaArtis/GI; 78 (CTR RT), photoDISC; 78 (LO), photoDISC; 78 (CTR LE), photoDISC; 79 (UP RT), Rob Wilson/SS; 79 (CTR LE), Dan Thornberg/SS; 79 (CTR), photoDISC; 79 (CTR RT), photoDISC; 79 (LO), Popperfoto/GI; 80-81, Scott Halleran/GI; 82 (UP), Metin Pala/Anadolu Agency/GI; 82 (LO), BK foto/SS; 83 (UP LE), Photo by Victor Decolongon/GI; 83 (UP RT), Mile Atanasov/ASP; 83 (LO), Michael Stewart/GI; 84 (UP), goir/GI; 84 (LO LE), AP Photo/Lois Bernstein; 84-85 (LO RT), George Tiedemann/GI; 85 (CTR), Doug Pensinger/GI; 86 (UP), Friedemann Vogel/FIFA/FIFA via GI; 86 (LO), Boris Horvat/AFP/GI; 87 (UP), Winslow Townson /Sports Illustrated/GI; 87 (LO), ZUMA Press, Inc./ASP; 88-89 (map), NG Maps; 88-89 (all logos), Courtesy Major League Soccer; 90, Victor Decolongon/GI; 91 (UP), Claus Andersen/GI; 91 (LO), Ricky Fitchett/ZUMA Wire/Alamy Live News; 92 (UP), Ira Black/GI; 92 (LO), Rich Graessle/Icon Sportswire/Corbis via GI; 93, Adidas via GI; 94 (UP), Nick Laham/GI; 94 (LO), Friedemann Vogel/FIFA/FIFA via GI; 95 (UP CTR), Stephen Dunn/GI; 95 (CTR RT), Rich Graessle/Icon Sportswire via GI; 95 (LO), Shaun Clark/GI; 96 (CTR), richjem/GI; 96 (LO LE), PA Images/ASP; 96 (LO RT), PA Images/ASP; 97 (UP), Eric Schweikardt/Sports Illustrated/GI; 97 (LO), George Tiedemann/Sports Illustrated/GI; 98 (UP LE), traveler1116/GI; 98 (LO RT), Rafa Rivas/AFP/GI; 99 (UP LE), Victor Decolongon/GI; 99 (LO RT), Jamie Squire/GI; 100 (UP), Popperfoto/GI; 100 (LO LE), Keystone/Hulton Archive/GI; 100 (LO RT), Bob Thomas/GI; 101, Christian Petersen/GI; 102, AP Photo/Chen Guo; 103 (UP LE), Tony Ranze/AFP/GI; 103 (UP RT), Roberto Schmidt/AFP/GI; 103 (LO), Bob Thomas/GI; 104 (CTR LE), Elsa/GI; 104 (LO RT), Rich Lam/GI; 106 (UP LE), irin-k/SS; 106 (UP RT), Maxisport/SS; 107 (UP LE), Leonard Zhukovsky/SS; 107 (UP RT), Lisa Mckown/Dreamstime; 107 (CTR), Dirk Rietschel/GI; 107 (CTR RT), Photo Works/SS; 107 (LO RT), iStockphoto/GI; 107 (LO LE), Iasha/SS; 108 (LO), Andreas Gradin/SS

本书献给伦农。欢迎走进世界！

——埃里克·茨威格

妈妈，谢谢你，是你带我认识足球，并大力支持我的裁判事业。我知道你一直在观众席上为我加油。

——马克·盖格

Copyright © 2018 National Geographic Partners, LLC
All rights reserved.
Copyright Simplified Chinese edition © 2019
National Geographic Partners, LLC. All rights reserved.
Reproduction of the whole or any part of the contents without written permission from the publisher is prohibited.

本作品中文简体版权由美国国家地理学会授权北京大石创意文化传播有限公司所有。由中国纺织出版社有限公司出版发行。未经许可，不得翻印。

自1888年起，美国国家地理学会在全球范围内资助超过12,000项科学研究、环境保护与探索计划。学会的部分资金来自National Geographic Partners, LLC，您购买本书也为学会提供了支持。本书所获收益的一部分将用于支持学会的重要工作。更多详细内容，请访问natgeo.com/info。

NATIONAL GEOGRAPHIC和黄色边框设计是美国国家地理学会的商标，未经许可，不得使用。

致谢

感谢马克·盖格，为他的专业，更为他的热情。感谢谢尔比·阿林克斯和格雷斯·希尔·史密斯协助编辑，最后我还要感谢皮尔·塔辛。

——埃里克·茨威格

作者和出版商也由衷感谢全体图书小组：编辑：谢尔比·阿林克斯；编辑助理：凯瑟琳·威廉姆斯；项目经理：格雷斯·希尔·史密斯；艺术总监：阿曼达·拉森；摄影编辑：莎拉·J.莫克、希拉里·安德鲁斯；制作编辑：琼·戈塞；设计助理：安妮·荣森和格斯·泰洛。

著作权合同登记号图字：01-2018-4910

图书在版编目（CIP）数据

美国国家地理超级专家. 足球 /（加）埃里克·茨威格，（美）马克·盖格著；郑玉英译 . -- 北京：中国纺织出版社有限公司，2020.1

书名原文：Absolute Expert: Soccer

ISBN 978-7-5180-6268-3

Ⅰ. ①美… Ⅱ. ①埃… ②马… ③郑… Ⅲ. ①科学知识 – 青少年读物 ②足球运动 – 青少年读物 Ⅳ.
① Z228.2 ② G843-49

中国版本图书馆 CIP 数据核字（2019）第 114127 号

责任编辑：王 慧　　责任校对：韩雪丽　　责任印制：储志伟
特约编辑：王 蓝　　美术编辑：吴晓京

中国纺织出版社有限公司出版发行
地址：北京市朝阳区百子湾东里 A407 号楼　邮政编码：100124
销售电话：010-67004322　传真：010-87155801
http://www.c-textilep.com
E-mail：faxing@c-textilep.com
中国纺织出版社天猫旗舰店
官方微博 http://weibo.com / 2119887771
北京博海升彩色印刷有限公司印刷　各地新华书店经销
2020 年 1 月第 1 版第 1 次印刷
开本：787×1092　1/16　印张：7
字数：94 千字　定价：88.00 元

凡购本书，如有缺页、倒页、脱页，由本社图书营销中心调换